U0576919

如何说
员工才肯听

鲁克德◎著

怎样管
员工才肯干

解决企业管理90%以上的问题

黑龙江教育出版社

图书在版编目（CIP）数据

如何说员工才肯听，怎样管员工才肯干/鲁克德著.
--哈尔滨：黑龙江教育出版社，2017.2（2019.3重印）
（读美文库）
ISBN 978-7-5316-9137-2

Ⅰ.①如… Ⅱ.①鲁… Ⅲ.①企业管理－人事管理
Ⅳ.①F272.92

中国版本图书馆CIP数据核字(2017)第041206号

如何说员工才肯听，怎样管员工才肯干
Ruhe Shuo Yuangong Cai Kenting，Zenyang Guan Yuangong Cai Kengan

鲁克德　著

责任编辑	高　璐	
装帧设计	MM末末美书	
责任校对	张　楠	
出版发行	黑龙江教育出版社	
	（哈尔滨市群力新区群力第六大道1305号）	
印　　刷	北京柯蓝博泰印务有限公司	
开　　本	880毫米×1230毫米　1/32	
印　　张	7	
字　　数	140千	
版　　次	2017年5月第1版	
印　　次	2019年5月第3次印刷	

书　　号　ISBN 978-7-5316-9137-2　　　定　价　26.80元

黑龙江教育出版社网址：www.hljep.com.cn
如需订购图书，请与我社发行中心联系。联系电话：0451-82533097　82534665
如有印装质量问题，影响阅读，请与我公司联系调换。联系电话：010-64926437
如发现盗版图书，请向我社举报。举报电话：0451-82533087

说对了，员工就肯听；管好了，员工就肯干！

培养肯听肯干的员工，是解决企业管理中99%问题的答案。

本书运用NLP程式语言心理学、行为科学和绩效管理学的研究成果，教你如何打造优秀的执行团队，成为会说话会管理的高效领导。

● 用商量的方式指挥下属，效果往往更好！

● 用疑问的口气说话，能软化下属的态度。

● "请将不如激将"的语言技巧。

● 一句话激发下属的好胜心。

● 讲究策略，巧妙应对员工加薪的要求。

● 批评下属却不让下属反感的说话技巧。

● "你对了！"是世界上最简单的激励法则。

● "纪律森严，令出必行"能让下属全力以赴。

● 主动放弃惩罚，是一剂管理上的毒药。

● 给下属职位，就要给下属权力和责任

● 所谓执行力，就是一切按流程办事。

● 要想调动下属积极性，就必须坚决授权。

● 让被解雇者心甘情愿地离开。

……

书中的每一个问题，都来自对一线管理人员的调查，概括了他们感到最头疼的各个方面。本书通过丰富生动的情景案例，进行细致入微的分析，提供一看就懂的方法技巧。只要你捧起它，细心体会其中的道理和示范，就一定能有所收获，并能运用到实际工作当中。

目 录
Contents

第3章 "面对下属发牢骚"的说话技巧

第4章 "批评而不令人反感"的说话技巧

第 8 章 "把工作执行到位"的管理技巧

第 9 章 "把权力授予下级"的管理技巧

第 10 章 "对付问题员工"的管理技巧

上篇

如何说，员工才肯听

第1章
"获得下属支持"的说话技巧

用商量的方式指挥下属，效果往往更好

说到命令，人们可能会想到战争故事中的"军令如山"，领导下了命令，下级不得不赶紧执行，于是认为以命令方式去指挥下属办事效率最高。但在实际生活中却不尽如此。

日本松下公司前总裁松下幸之助说："不论是企业或团体的领导者，要使属下高高兴兴，自动自发地做事，我认为最重要的，要在用人和被用人之间，建立双向的，也就是精神与精神，心与心的契合、沟通。"他看到了领导与下属的沟通的重要性，因而在实际中身体力行，终于取得了成功。要达成领导与下属心与心的契合、沟通，关键的一点就是与下属一起交流商量。

一些领导人颐指气使，有事就大嗓门地命令下属去干。他们认为只有雷厉风行才能产生最佳效果，命令别人去干事的时

候也不看人家的意见如何，反正一句话："做了再说！"一般来说这样的领导比较有能力，在下达命令之前是经过一番深思熟虑的。但久而久之，下属对领导产生了信任，什么都不问就照领导说的去做，反倒失去了积极性和创造性，成为一件只会办事的机器。而有些下属呢，面对领导铺天盖地的命令，连问一句为什么的机会都没有，自己想不通当然就不愿去做了。不愿做的事要被迫去做是很难做好的。

要吩咐下属去办一件事，命令的方式是不可少的，特别是在情况紧急的情况下，一分一秒都是宝贵的，没有时间给你详细的解释。但更多的时候，最好还是以商量的方式。

如果采用商量的方式，下属就会把心中的想法讲出来，如果领导认为说得有道理，就不妨说："我明白了，你说得很有道理，关于这一点，你看这样行不行？"诸如此类，一方面吸收对方的想法和建议，一方面推进工作。这让下属觉得既然自己的意见被采用，自然就会把这件事当作自己的事认真去做；同时由于热心，自然也会产生良好的效果。

另外，领导让下属去干一件事时，也可以给下属指出一个美好的前景，他们更容易欣然去做。

所以在实际工作的安排中，领导应做到以下几点。

（1）忌凭自己的权力压制他人。

（2）要仔细聆听下属的意见。

（3）若同意对方的意见，可以说："我也是这样想的。"这样会使下属为自己的决策而感到骄傲。

（4）如果不同意，必须向部下说明理由，不然就是把命令下达了，下属还是会我行我素。

下属说"我懂了"，很可能是在抗拒命令

领导的职责不仅是让属下服从，而且要知人善任，使他们能够更好地完成指令。

下级对上级领导布置的任务和下达的命令，总是能够比较认真负责地完成的。但是也会发生这种情况：主管领导布置完工作，下级迅速地回答"我懂了"，领导为此感到很安心。但事实上，下级并没有真正着手去做，又令领导感到非常伤脑筋。

如果你是领导，怎样对付这样的部下？

领导对于部下所说的"我懂了"，应该准确地弄清它的含义，并准备应付的具体措施，通常以下几种情况值得领导注意与借鉴。

第一，有些部下所说的"我懂了"，应该准确地弄清它的含义，大胆地让他放手展开工作。但平时必须注意观察他的性

格，了解他的心理和语言习惯。

第二，有些下级漫不经心，不考虑后果，只因为当时领导过问便随便回答。到了真正工作时，才发现力不能及，难以应付而后悔莫及，所以没有着手去做。

对于这种下级，领导必须给予明确的指令和命令，并严格限定期限，在期限之前严加督促，适当给予一些必要的帮助及鼓励，使他能较好地完成工作任务。

第三，有些情况下，下级用抗拒的口吻说"我懂了"，语气响亮，态度倔强，似乎在驳斥领导的指示方法和内容有问题，因此自己很不服气。甚至平时对领导尊敬、服从的下级也会这样做。

这时领导就应该反省一下自己的命令和指示是否有问题了。自己是否考虑不周，武断地下了指示，部下才如此抗拒？如果是这种情况，部下没有着手去做领导布置的工作，也不能过于责备他了。

领导下命令给部下时，也应该考虑下级的心理，一厢情愿地下命令，容易招致下级的反感和反抗。

比权威和压服更好的办法是使属下心悦诚服，体谅自己的苦心。

做领导的发布命令不可能事事都如下级的意，使下级非常乐意主动去做，有些命令下级不愿意执行，有些工作下级不愿意去干，这就需要领导有说服能力，劝说下级去干他所不愿意干的工作。

先来谈谈怎样说服下级干所不愿意干的事情。首先让下级感觉到领导让其干这份工作的信赖和诚意，但命令是命令，不能用乞求的口气去求他干，而应用坚决的态度、坚定的口气来下达指示。其次，适当地提示下级正确的做法，给予适当的照顾和关心，使下级即使为了报答你的关怀，也要干好这项工作。

同上面所说的相反情况是，遇到棘手复杂的工作而吩咐下级去干时，以劝服和协商为主。因为职员本来就为自己能否担任这一工作而惴惴不安，如果采用高压手段，下级会更恐慌：万一干不了或干坏了，领导会怎么处置我呢？还是拒绝算了！或者职员因为工作妨碍到个人的休息和正常生活而不愿干，领导也不能以权力威胁于他或干脆就放弃了。

如果改变一下方式，用商量的口气要求对方完成某项棘手的任务，部下也许能心甘情愿，将工作做得更好。

请习惯说："让我来重复你的要点……"

权力在手是一件好事，同时对下属发布命令也是一种满足，但领导者一定要把握好分寸，根据不同的对象，行使好自己手中的权力。

试想如果下属听到"不用多问，这是命令"或者"上级就是这样指示的，照着做就可以了"之类的话，心里会怎样想呢？这样能让他心甘情愿地去做事吗？

像这种不顾实际情况，不管下属的感受，而只管发布强制式命令的做法应该尽可能地避免。因为这样布置工作，只会引起下属的反抗心理，而不会收到预期的效果。

李先生在台湾经营一个有五六百名员工的企业。不管是在业务上还是在管理上，李先生的努力都有相当的成效。他运筹帷幄，指挥若定，威风八面，宛如领军千万的大将，好不神气。

可是，他就是拿他儿子没办法，他们之间的代沟怎么也无法跨越，每次一见面，没讲三句话就会争吵。这天，李先生又和儿子因为一点小事吵了起来。就在双方面红耳赤之际，儿子突然间就住了口，然后一字一字地说："爸，再这样吵下去也不是办法，我能不能请你把我刚刚说的那句话说一遍给我听？"

"啊？！"李先生一惊，没想到有这怪招。"你说……你说……做父亲的太能干，当然看不起儿子。"

"不对！你再想想看，我是这么说的吗？"

"浑小子！那你怎么说的？你自己说过的话，你自己为什么不再说一次？"

儿子突然笑出声，说道："你看！从头到尾，我说什么你都没有听，那些话是你自己想的，我可没这么说。我们不是要沟通吗？那么，我说什么，你重复一次给我听，再轮到你说，我来重复。"

"喂！哪有那么多时间在这里重复来重复去！你是真的想气死我啊！"

"爸！我们就试试看吧！否则这种争吵会没完没了的，你再想一想我到底是怎么说的？"李先生想了想，终于承认："我真的想不起来，你再说一次好了。"

"好吧！我说，父亲很能干，儿子一方面很佩服，一方面怕自己跟不上，心里多少有点压力。"

李先生冷静一想，儿子说得合情合理，自己怎么会那么激动呢？结果，这天晚上，他们父子俩竟然可以谈上两个小时而不吵架，这个效果连李先生也意想不到。一觉醒来，虽然睡眠不足，但李先生却神清气爽，一大早就到了公司。

因为早上要开一个重要的采购会议，讨论的是未来所要采购价值1000万元的机器，到底要用美国货好，还是日本货好。依采购部的报价，日本制的价格便宜，东西也不差，可是总工程师却主张买美国货。会场上，李先生让总工程师发表意见。

这是一种表面上的礼貌，总工程师也知道，老板做久的人，什么事情早就心有定见，问他只是个形式，谁不想省钱？因此他无精打采，说不到五分钟就说没意见了。

若是往常，李老板总是会在这个时候大唱独角戏，享受那种权威感，今天竟然是……

"总工程师，我来重复你的要点，你看我说的跟你的意思是不是一样：日本制的机器，价格虽然便宜，东西也不错，可是将来如果出了毛病，要他们来做售后服务，问题就来了，他们的人因为语言问题无法跟我们直接沟通，找来的翻译对精密仪器又是外行，机器坏在哪里，我们无法充分了解，下次再发生同样的问题，还是要请他们的人来，说不定还会耽误生产时间，如此算下来，还是买美国货比较便宜！"

随着李老板的重复说明，总工程师的眼睛渐渐亮了起来。他打起精神，再次补充。就这么你一言我一语的，大家滔滔不绝地讨论了起来……

一个优秀的领导，绝对不会依靠命令来进行管理。作为一个领导，当你的下属不按你的要求去做事的时候，应该找他沟通，而不是以上压下，更不可用带有威胁的语言或举动。如果这样做，即使不是用强制的态度，也足以说明你对下属的不信任。既然是这样，下属又为什么要效忠你呢？他们纷纷离职，也许正因为领导者自身的原因。

用疑问的口气说话，能软化下属的态度

当一个人受到他人的强制时，心理上很自然会产生反抗，同样的事，自愿去做和受到强制去做，效果相差很远。而且，被强制去做心中总是很不情愿。

疑问式代替命令式，强制也就不成强制了。例如，要让对方去干一些不喜欢干的工作，就不应说："你把这件事做下去。"而应该说："你把这件事做下去，好吗？"这种说法可以使对方不至于反感。

有些家庭中，只要父母稍作指示，子女就赶快动手帮忙，一点厌恶的情绪也没有。只要暗暗观察就会看到，其奥妙在于这些家庭中的父母绝不对子女说："你去给我洗碗！"而是说："你帮我洗那些碗，好吗？"即不用命令口气，而用疑问式表达。

单位的发展需要职工把一些不喜欢干的工作做好时，就需要采用这种手法。特别是年轻人当了领导，需要年长的部下去做什么事情时，更需要注意把握他的心理，少用命令语气，多用商量口吻和祈使语气，会收到很好的效果。可能这些年长的部下，过去是你的上级，他们已经习惯于你向他们请示汇报，而现在却由你下命令，他们在心理感情上往往无法适应，一下子转不过来，但需要他们干的事情又必须交代他们去干，这就

要想出某种起缓冲作用的说服办法，即在向他们下命令时口气要谦虚一点，使其痛快地按你的要求去干。我们可以对比一下两种不同的命令方式：

"李科长，你和小张去上海开订货会议。"

"老李，劳你大驾跑一趟，带小张去上海开订货会议怎么样？"

显然，作为长辈的李科长在听到第一种命令方式时会心里很不舒服，会觉得你年少气盛，颐指气使，如果气量小一点，说不定会称病推托，消极怠工，以发泄不满。可是，他若听了第二种命令方式时则会很舒坦，首先，你对他的称呼是老李，而不是李科长，既比较亲切，又避开了他的比较低的职务；其次，用了"劳驾"两个字，语气比较客气，充满敬意；第三，不是"和小张"一起去上海，而是"带小张"去上海，说明了你没有把他看得和小张一样，给他留下了考虑和否决的余地。虽然他明知自己不可能抗拒，但听起来心里还是非常舒服受用。另外需注意的是，在向长辈下级提出要求时，前面最好加"请"字，如"老李，请您去处理一下这个问题好不好？""老张，请您明天上午来开一个会。"

再比如，有位男子，在单身时，坚持"大男子主义"，强调男人是一家之主。然而结婚没多久，却成了"太太万岁"的丈夫。

从"大男子主义"到"太太万岁"，完全是因为他太太攻心有方所致。有关孩子的升学、住宅计划等问题，太太都和他商量，而且他也以一家之主的身份来下结论。可是，后来发现所有事情的最后决定权仍在太太那里。

他太太常用的手段是，每次都以疑问的口气问她先生："你有什么好办法？"将决定权假装送给对方。

当一家之主受到信赖，自尊心得到维系时，心里就飘飘然，以为决定权掌握在自己手中。但是，其实最后都是以太太的主张为结论。

他太太高明之处就在于巧妙利用人心的盲点，以疑问式代替命令式。

此时，对方自尊心得到满足，心理上产生优越感，心胸变得相当宽大，抓住这一点，再用一个疑问式："这个方法不好吗？"再固执的对象，也会软化的。他会说："就这样吧。"

著名管理学家巴纳德认为："沟通是一个把组织的成员联系在一起，以实现共同目标的手段。"有关研究表明：领导工作中70%的错误是由于不善于沟通造成的。由此可见沟通力的重要性。

运用"对比效果"，可使下属欣然接受命令

就像对于一个懒得外出旅行的丈夫，妻子可以尝试问他："你是要去国外旅行呢？还是就在国内旅行？"

如果能巧妙地运用对比效果，就可以使部下欣然接受调职命令。当你必须告诉你的部下，他已经被从总公司调到他所不愿去的分公司时，你要怎样去说服他呢？如果你知道他绝不会答应时，你又该如何是好？

如果这时你以公式化的口气告诉他："这是命令，你非去不可，否则只有辞职。"那这个部下一定会记恨于你。

在这时，假如你能巧妙地运用对比，就可以轻松地说服这个部下："其实，在上一次董事会中，我们就曾考虑过要把你调到南部的分公司，但后来想想那边实在太远，对你来说太辛苦，所以最后决定还是把你调到离这近一点的中部分公司，怎么样？让你换一个环境，也比较有新鲜感。"

对一个职员来说，把分公司的职务和总公司比较，任何人都不会愿意接受的，但如果再给他一个更差的做比较，他就会比较容易接受了。尤其是你说要调他到环境更差的地方去，他就会产生"好险"的感觉，对调到好一点的地方也就欣然接受了。

只要先将对方意识不到的前提遮盖起来，就可以使"对比

效果"成为一种强有力的说服武器。关于这一点，美国著名的口才研究专家赫拉，就曾做过一个有趣的实验：对于始终不愿看书的孩子，可以尝试问他说："你今天是要复习功课，还是预习功课？"

每年的岁末，一些职业棒球选手，会纷纷向所属的球队谈论明年的调薪问题。因为在年度的交替期间，如果不将待遇问题谈妥的话，到第二年就会是件麻烦事了。

在调薪的谈判会议上，那些百战百胜的王牌选手，往往一口气就要求将年薪调高一倍。这时如果你是球队的负责人，应如何去说服这个选手呢？

首先应清楚的一点就是，如果你对这个王牌选手说："事实上，20万元对球队来说并不是问题。"那么，这项谈判就很可能会破裂，虽然你坚持只能给10万元，但王牌选手一听到你上面的话，就一定会执意要20万元。

所以，根据潜在心理操纵术，就必须用下面的说法才能达到说服的目的。

"以你的实力，要求20万元并不高，是很合理的价钱，但是我们球队原来只能付8万元，不过我想10万元还是值得考虑，也许这件事情你我都应该好好地想想看。"

如果这时这个选手说："10万元也可以。"

"不，只是说10万元还有商量的余地，事实上，如果你真要10万元还是很困难的，不过，如果是8万元，我可以马上和你签约，怎么样？我们是不是彼此都考虑一下？"

如果这个王牌选手回答说："既然如此，那就10万元，否则我是绝对不干了。"

这时你可以叹一口气，表现出一副无可奈何的样子，然后下结论地说道："好吧！既然你这么坚决，我也只好认了，就10万元吧！"

也许你会认为这种方式太过于顺利了，但若以人类潜在心理操纵术的观点来看，这种方式是一定可以达成协议的。因为一般人在谈判时，不知不觉中总会将两件事情拿来做一个比较，所以，如果在这时你给对方一个选择的范围，对方的思考能力就会仅限于这个范围内做比较，当然，他会选择对自己较有利的一方。

正如上面所说，虽然对方要求20万元，但你给对方的只有8万元和10万元的选择范围，如果对方冷静思考的话，一定会觉得这个范围表明有商榷的余地。

但事实不然，这就好像当一个人头昏眼花时，被你的话所蒙蔽，他根本就看不到任何可以商榷的余地。如果你先提出一个数字（就如前面所提的8万元），即使对方所选择的未必对他有利，但对方却没有办法立刻感觉出来，所以他会立刻接受，尤其是当你提出一个上限和下限的数字，让对方进行比较选择时，对方的潜在心理就会产生一种"对比效果"。

先提出大纲，就能让会议产生你想要的结果

开会时，如果没有一个强硬的反对者，你只要轻松地说一声："已经决定好了。"事情就可以顺理成章地决定了。

如果问人家："你最喜欢什么颜色？"

答案当然是各有不同。

但是如果事先告诉他："今年流行绿色。"

那么即使是喜欢"红色"或"咖啡色"的人，也有可能会转而喜欢"绿色"了。

"今年流行绿色。"这句话就是一种"提前暗示"。尤其对那些没有明确想法，头脑像白纸一样的人，要让他们赞成自己，"提前暗示"是极其有力的武器。

有一个经营汽车买卖公司的老板，他在开会时就常利用人的潜在心理，可以说他是一位非常卓越的心理诱导者。他在每一次会议开始时，就先提出大纲，然后告诉职员们："这是我的意见，剩下的就让你们自己去讨论了。"说完他就开始打瞌睡，让开会的职员们自己去讨论，直到归纳出结论时，他才又发言说："那么大家就努力朝这个方向前进吧！"

等他讲完，会议就结束了。

这样做的目的是使职员们认为，事情好像是他们自己决定的，他们会有一种成就感，而职员们归纳出来的结论，事实上就是按照老板所提出的大纲讨论出来的，所以说根本就是他自己的构想，因为一开始，他预先提出了大纲，并将这个大纲作为"暗示情报"，留有小部分修正的余地，然后让职员们提出咨询和信息，再加以改正和讨论。

这种会议的技术，当然不是公司老板拥有的专利，任何人在会议上，都可以先提出自己的意见作为暗示，再征求对方的意见。如此一来，对方就会认为你的意见和他的意见相同，进而赞成你了。

愈是心态如白纸的人，愈容易被暗示所左右。这就是利用了心理的作用，即所谓的"误前提暗示"。

总而言之，就是事先提供错误的前提信息，来引导对方改变态度，使目标达成一致。

快速建立合作与信任的八种说话方式

美国管理学家雷鲍夫提出：在你着手建立合作和信任时，你要学会使用你的语言，其中以下八句非常重要：

1. 最重要的八个字是：我承认我犯过错误。

2. 最重要的七个字是：你干了一件好事。

3. 最重要的六个字是：你的看法如何？

4. 最重要的五个字是：咱们一起干！

5. 最重要的四个字是：不妨试试。

6. 最重要的三个字是：谢谢您。

7. 最重要的两个字是：咱们……

8. 最重要的一个字是：您……

这一套沟通方法，被称之为雷鲍夫法则。

仔细观察雷鲍夫法则的八句金言，你会发现它们是一个不断渐进的过程。要建立合作和信任的基础最重要的就是认识自己和尊重他人。而上述定律无疑就是进行这一过程的最好表现。

1. 最重要的八个字是：我承认我犯过错误。

说这八个字的前提是：知道自己错了；能承认。这就要求管理者能做到反省和谦逊。能身体力行做到这一点，并且真正是发自内心，贯彻到底，往往会产生出人意料的良好效果。

1990年2月，通用汽车公司的机械工程师伯涅特在领工资时，发现少了30美元，这是他一次加班应得的加班费。为此，他找到顶头上司，而上司却无能为力，于是他便给公司总裁斯通写信说"我们总是碰到令人头痛的报酬问题，这已使一大批优秀人才感到失望了"。斯通立即责成最高管理部门妥善处理此事，三天之后，他们补发了伯涅特的工资，事情似乎可以结束了，但他们利用这件为职工补发工资的小事大做文章。第一是向伯涅特道歉；第二是在这件事情的推动下，了解那些"优秀人才"待遇较低的问题，调整了工资政策，提高了机械工程师的加班费；第三，向《华尔街日报》披露这一事件的全过程，在全国企业界引起了不小轰动。想想通用汽车公司的工程师真是幸福。通用改正了一个错误，但他得到的远不是看起来这么少。

2.最重要的七个字是：你干了一件好事。

学会关注别人，鼓励别人，是建立合作与信任关系的第二条秘籍。

联想集团创始人柳传志在工作中非常善于关心下属、鼓励下属。当他发现中科院毕业的年轻人杨元庆在电脑销售中业绩突出后，大胆授权他成立PC事业部，即使遇到挫折，也鼓励他再接再厉，后来让联想电脑成为国产销量第一的品牌。再后来，杨元庆成了柳传志的接班人。

日本经营之神松下幸之助在创业阶段一直和员工同甘共苦。创立了三洋品牌的井植薰就常常回忆当时他在松下工作时不断受到松下幸之助的鼓励，即使是在他把电池厂赔光了之后也还是如此。松下认为，井植薰能安全回来就已经是值得鼓励的了。

3.最重要的六个字是：你的看法如何？

当你听完下属的汇报，问一句："你的看法如何？"下属的责任感和自尊感会油然而生。这才是顾及他人感受的合作之道、成功之道。

4.最重要的五个字是：咱们一起干！

这五个字，反映的是上级与下级全力以赴的信心和决心。其作用，正如《孙子兵法》所说"上下同欲，则战无不胜"。

5.最重要的四个字是：不妨试试。

"试试"就是鼓励下属不断地进行创新。"不妨"是这句话的关键。不妨就是不要太在意结果，有创意就一定要付诸实施，一定会有收获的。

6.最重要的三个字是：谢谢您。

"谢谢您"似乎是最常用的礼貌用语，但是到底要如何说出这个礼貌用语其实是一件非常有艺术的事情。并非把谢谢挂在嘴边就可以了，真正说到人心里的谢谢是不需要用嘴表达的。

7.最重要的两个字是：咱们……

有个故事：洞房花烛夜，新郎兴奋，新娘娇羞。新娘忽然掩口而笑并以手指地："看，看，看老鼠在吃你家的大米。"翌日晨，新郎酣睡，新娘起床看到老鼠在吃大米，怒喝："该

死的老鼠！敢来偷吃我家的大米！""嗖"的一声，一只鞋子
飞了过去，新郎惊醒，不禁莞尔一笑。一夜之隔，一日之差，
"你家"变"我家"！用词的改变，反映了新娘的心已经过
门了！

　　使用"咱们"二字的道理也在于此。

　　8.最重要的一个字是：您……

　　这一条简单却又不简单，它是要你时刻记得尊重你的合作
伙伴——您而不是你，这就是尊重。

　　理解了雷鲍夫法则的这八条，你会在建立信任与合作的过
程中无往不利、事半功倍。

第 2 章

"激发下属干劲"的说话技巧

巧妙亮出竞争对手，能激发下属的干劲

对于没干劲的部下，只要告诉他"你和 A 先生两个人，成功是指日可待的"，就等于暗示他有竞争对手的存在。

美国最有名的关于领导说服术的书中，介绍了下面一些有关说服术的故事。

某家铸造厂的老板经营了许多工厂，但其中有一个厂效益始终徘徊不前，从业人员也很没干劲，不是缺席，就是迟到早退，交货总是延误。该厂商品质量低劣，使消费者抱怨不迭。

虽然这个老板指责过现场管理人员，也想了不少办法，想激发所有从业人员的工作士气，但始终不见效果。有一天，这个老板发现，他交代给现场管理员办的事，一直都没有解决，于是他决定亲自出马。这个工厂采用昼夜两班轮流制，他在夜班要下班的时候，在工厂门口拦住一个作业员。

他问："你们的铸造流程一天可做几次？"

作业员答道："6次。"

这个老板听完一句话也不说，就用粉笔在地上写下"6"。

紧接着早班作业员进入工厂上班，他们看了这个数字后，不明个中原因，竟改变了"6"的标准，做了7次铸造流程，并在地面上重新写下"7"。

到了晚上，夜班的作业员为了刷新纪录，就做了10次铸造流程，而且也在地面上写下"10"。

过了1个月，这个工厂变成了他所经营的厂中成绩最高的。

这个老板仅用了一支粉笔，就重整了工厂的士气，而员工们突然产生的士气是从哪里来的呢？这是因为有了竞争对手的存在。

作业人员做事一向都是那么拖拖拉拉、毫不起劲，可在突然有了竞争的对象后，自然而然就激发了他们的士气。

每一个人都有自尊心和自信心，其潜在心理都希望"站在比别人更优越的地位上"或"自己被当成重要的人物"。

从心理学上来说，这种潜在心理就是自我优越的欲望。有了这种欲望之后，人类才会努力成长，也就是说这种欲望是构成人类干劲的基本元素。这种自我优越的欲望，在有特定的竞争对象存在时，其意识会特别鲜明。

一位老板就曾经巧妙地运用过这个技巧。

这位老板有一个常年为他开车的司机，最近这位司机的工作态度恶劣，不但经常迟到，而且开车时心不在焉，让这位老板毫无安全感。然而，这个老板并没有直接责骂他，只是若无其事地说："你也认识 A 先生吧？他是你的晚辈，工作态度非常认真，给人的印象非常好，而且从来都不迟到早退。"

这个老板只说了这些，就不再多说了。

那位司机当时并没有任何反应，但从此以后，他的工作态度就有了180度的大转变。因为自己能够当上老板的司机，毕竟是一件荣耀的事情。这位资深的司机，心里一定想不能输给 A 先生，所以他才努力工作。

以这种方式去诱导对方，让他注意到有竞争对象的存在，那么你的目的就有80%的成功率了。

适当的赞美，能满足下属的"肯定欲望"

如同一种苦味的药丸在外面会裹着糖衣，使人先感到甜味，容易一口吞下肚子里去。于是，药物进入肠胃，药性发生效用，疾病也就好了。我们要对人说规劝的话之前，不妨先来一番赞誉，使人先尝一些甜味，然后，你再说规劝的话，人家也就容易接受了，面子上也觉得过得去。

　　某机关办公室陈主任，有一天对一位女打字员说："你今天穿了这样一套漂亮的衣服，更显出了你的美丽大方。"那位女打字员突然听到了主任对她这样的称誉，受宠若惊，内心高兴万分，面孔都红了起来。陈主任于是接下去说道："可是，我要告诉你，我说这句话的目的，是要使你的心里高兴，我希望你今后打字的时候，要特别注意标点才好。"

　　陈主任这样说话，虽然未免太露骨一些，然而，他的这一种方法，是值得我们仿效的。因为，他如果直接告诉女打字员，叫她以后多注意标点，她心里难免就会感到今天受了上司的责备，这是十分羞愧的事，甚至心里会很生气，也许几天不痛快。有时她也许要为自己辩护，说她自己很小心，因为原稿上有错误或是不清楚，所以，她不能负这错误的全部责任。这一来，陈主任的规劝不但失了效，说不定还会惹来一场没趣，给双方造成不快。

　　如果你要别人遵照你的意思去做事情时，最好是用商量的口气。不要说"我要你这样或那样去做"，而是用商量的口气说道"你看这样做好不好呢"。比如你要你的秘书写一封信，把大意讲了以后，可以再问一下，"你看这样写是不是妥当？"如果有要修改的地方，可以说："如果这样写，你看怎样？"领导虽然站在发号施令的地位，可是也要懂得下属是不爱听命令的，所以最好不要用命令的口气。这可不是军队，必须用命令的。

假设在一个盛夏的中午，一群工人正憩息着，一位监工走上去把大家臭骂一顿，说拿了工钱坐着不做工是不对的。工人们怕监工，当然立刻站起来去工作了，可是当监工一走，他们便又停手了，这是肯定无疑的。因为那位监工不了解人们的心理，你用一种强硬的态度，反而使人们产生了一种逆反心理，更要与你作对。如果那位监工上前和颜悦色地说道："天气真是热了，坐着休息还是不断地流汗，这怎么办呢？朋友，现在这些工作很要紧了，我们忍耐一下赶一赶好吗？我们早点干好了，也好早点回去洗个澡休息一下，怎么样？"如果这样，工人们当然会一声不响地忍着暑热去工作了。

假如你正兴高采烈地跟许多员工畅谈的时候，突然来了一个不速之客，东拉西扯，大谈一些煞风景的话，把融洽欢快的气氛扰乱了，这正如有人兜头浇你一盆冷水一样。这种不知趣的人便是不懂得看场面、察言观色，是非常莽撞的人。人们在背后难免骂他一声冒失鬼。所以我们每次接触到一个人物时，必先看看四周的环境，并明白对方近来的生活情形如何，倘若对方正是很得意的时候，你不可在他面前光说不得意的话，俗话说得好：得意人面前，不说失意话。

夸奖是一种满足对方"肯定欲望"的手段，更是一种让强硬态度软下来的方法。

在现代社会里，以"头衔"为诱导的手段处处可见。这诱导包括让权力意识妥协，让态度软化，以达到说服对方的效果。人在一定的位置，如有"头衔"者，往往权力意识比较强。正因为如此，头衔的功效，是针对一个人的荣誉感而产生的、推动"肯定欲望"的诱导术，就好像给挂上一个正当的名分一样，有一家中小企业的柜台服务小姐，服务态度一直很不好。有一天，她的上司对她说："我想我们公司最好再选一位柜台小姐，因为公司的柜台小姐，就像站在第一线的重要业务员一样。"

自此以后，这个柜台小姐的态度就大大改变了。从前这个小姐总认为柜台工作丝毫没有价值，可上司的话激起了她的干劲。

不管采用什么方法，只要能让对方感受到"我和别人做的工作不大一样"，那么即使工作的内容没有改变，薪水没有增加，也能使他产生干劲。

激起下属的优越感，能激发工作干劲

说服一个人，可以诚恳地询问，可以大方地解释，越是在紧张的气氛中，越不可以采用质问的方法。否则，对方就极有可能对我们怀恨在心，不仅不会让我们舒舒服服地得到胜利，还可能会用"更充足的理由"把我们压倒。

不侵害别人，就是保卫自己，你轻易地进攻别人，假如估计失当，必然惨败，反而碰得头破血流。

人们做错了事，或做了亏心的事，除了他主动告诉你时会坦白地承认错误，如果是你指出，那么，他必有种种理由为他的错误辩护。你可以在你身旁的朋友或家人当中试试看，无论是极小的疏忽或错误，没有几个人能在一经指正之后，就坦率地、不做解释地承认自己的错误。就是父对子、兄对弟，或雇主对部属，乃至知己朋友，也有互相纠正的义务。所以，绝对不批评别人是不可能的。我们要研究的就是怎样批评。

纠正下属，要具有极大的同情心，这样你不仅不会犯吹毛求疵的毛病，而对于别人所犯的错误也必能加以谅解。你要时常想着，你是设法和他站在一边的，不是敌对的。说话要婉转和蔼，不可用刺激的，或使人听了不舒服的字眼。"你真糊涂，这件事完全弄错了！"这种说话方式是令人难以忍受的，说话时先要表示同情对方所犯的错误，使对方减少害怕，同时也减少羞愤之心，然后再把错误用温和的方法指出来。指正的话越少越好，能用一两句就用一两句话，使对方明白就行。并立即转到别的地方，不可啰唆不绝，使对方陷于窘境，感到无地自容，致生反感，伤害彼此感情。

　　下属的不妥当部分，固需加以指正，但妥当部分亦需加重赞扬，使对方感到自己有可取之处，达到其心理平衡，而且对于你的批评也会很乐意接受，这是人的本性所致。而且，你这样既有赞扬又有批评，使对方感到你是一个公正的人，于是心悦诚服。

　　改变对方的主张时，最好能设法把自己的意思暗暗移植给他，从而使他得到启发，由他自己去修正，这种修正使他觉得是自己所发现，不是由别人指点的，因而你的目的达到了，改变了对方的主张，而他本人也因有了发现而高兴。对于那些无可挽救的过失，站在朋友的立场，你应当给予恳切正确的指正，而不是严厉的责问，使对方本来已伤心的心情更伤心，只要使他知过而改便行。纠正对方时，最好用请教式的语气，用命令的口吻则效果不好，比如"你不应该用红色"可以说成"你觉得是否不用红色会好看一点呢"。

　　你自己有兴趣，是否下属也会发生兴趣呢？有些人喜欢絮絮不休地说他自己从前在学校的情形，说得津津有味，但却不会想到对方是否愿听，因为他既非你的同学，头脑中理所当然不会有你在学校生活学习的印象。最可怕的，莫过于把现在风靡全中国的搓麻将的情形告诉别人，凡喜欢打麻将的人，大概都有一个好记忆力，至少是记忆麻将牌的本领。他可以把自己手上的牌，上下两家的出牌次序，以及自己如何获得辉煌胜利或功亏一篑的情形记得烂熟，一丝不苟地给你背出来，这种记忆力，真是使人惊异。

向部下询问的时候，以"想请教你一下"的口气可以触发对方的优越感和自尊心。

下面一个例子应该能给予我们一定的启发。

一个年轻人在一家肥皂公司担任推销工作，有一天来到一个杂货店的老板面前，以非常激动的口气说道："非常对不起！但我想我们一定非常有缘。我是新来的业务员，您有何指教？请给我一点建议吧！把肥皂卖出去是我的责任，您是一个经验丰富的人，请教我应该怎样去做。"

虽然这个老板刚开始时很生气，但当他被这个年轻人激发出优越感和自尊心后，就笑嘻嘻地说道："那我告诉你，你最好卖便宜一点。"然后，他还对这个年轻人滔滔不绝地说着生意经，并且愈谈愈起劲，一直谈了约两小时，到最后，不但他把肥皂推销术传授给了这个年轻人，而且临走时还许诺要购买他推销的肥皂。

当一个人的优越感被触及时，他就会不断地想和对方接近。同样，当上司和部下谈论一件事情时，开头时与其说："我想和你谈一谈。"不如说："只有你才可以谈。"这两句话给部下的感觉是完全不同的。上司在前者的话中好像带着压力，会使部下在其内心里筑起一道防御的墙，并以拒绝的态度来回答；反之，后者"只有你才……"的说法，就可以瓦解对方的警戒之心，使他采取积极的态度。

将目标缩小，能激发人"达到欲望"

要给一个人定目标时，可以稍微暗示他："这样的话就比较简单了。"

人类对于一件很难完成的工作缺乏干劲，主要是由于人的潜在心理中，没有一股强烈的"达到欲望"。而当这种强烈的欲望起作用时，他本能地就会想办法促使这项工作完成。

人类在即将完成某项工作时，内心会产生一种喜悦和满足。"达到欲望"就是那种完成后喜悦的期待，这种期待是深深埋在心里的。所以，人类在遇到那种完成后无法尝到喜悦的事情时，就会失去干劲。反之，看起来很简单的事情，但完成后的喜悦可以预想得到，那么"达到欲望"就受到充分的刺激，他就会有完成目标的意愿。

在利用这种心理作用时，最好是将目标缩小，这样诱导对方更具功效。例如，要给小孩子教材时，最高明的做法是不要一次给一本很厚的书，而是分次将页数少、薄薄的教材给他，然后对他说："这薄薄的书，你应该可以很容易读完。"以这种方式来刺激孩子的"达到欲望"，反复不断地如此去做，有一天孩子就能将一册厚厚的书念完了。

日本幕府时代的丰臣秀吉，是日本首推的会激发别人干劲的专家。他最善于运用将目标缩小的技巧。

当年，他曾被称为木下藤吉。他所居住的青州城的城墙，经历了一百多年的风吹雨打，已破旧不堪，急需修补。该城的织田信长请藤吉来帮忙，并故意告诉他："如果是我的话，只要三天就可以完成了。"

事实上，这句话并不是吹牛，因为当时修补工作已进行了一个月，只要用三天的时间进行善后，就可以把未完成的工作做完了。

藤吉首先将100个间隔的城墙分成50个部分，然后给每个负责人分两个间隔，并命令他们要在三天之内，将所负责的两个城墙修补好。

如果从接受命令的人来看，等于是将100个间隔的城墙，突然减少到只有两个而已。原来听到要修补100个间隔的城墙，就觉得很烦，现在突然减少到每个人负责两个，当然会使他们产生干劲。因此，在他们夜以继日地修补之后，青州城墙终于在三天内修补好了。

当某人对难以达到的目标失去干劲时，领导者不需要降低目标，而只要将目标稍微加工一下，然后用诱导的口气说：

"如果这样做的话，就很容易完成了。"

这样，最后达到的效果也是相同的。

"请将不如激将"的语言技巧

一位成功人士赵先生，他在回忆自己的成长经历时充满深情地提到以前的某位老师，很有感慨地说如果没有老师当年讲的话，可能就没有今天。听者们在心里暗自猜想：老师当年讲的可能是很深情，很有鼓动性的话吧。哪知事实往往出乎意料。

赵先生说，自己从小调皮捣蛋，无心学习，整天打架……总之是劣习成性，没有哪个老师能把他驯服。后来有位老师当了他的班主任，在一次他把邻班同学的头打破以后，老师怒气冲冲地对他说："我看你确实是扶不起来的阿斗，没有什么出息了，如果你以后能有点出息，那真是太阳从西边出来了。我把手指头剁了也不相信你能干出点什么……"

他说老师的话对年少的他刺激很大，他没想到老师会从心底里瞧不起他，认为他不会有出息。于是，他决心改掉所有的劣习，好好学习……最后，他终于成功了。那时，他才明白老师话中真正的含义。

这是使用"激将法"的一个典型的例子，抓住被激励者的心理，狠狠地泼他一盆冷水，打击一下他的情绪，这样他会在愤怒之下迸发出更多的力量，这其实也是一种激励。

三国时期的诸葛亮就十分善于运用激将法：在马超率兵来犯时，张飞请令出战，诸葛亮却故意说："马超家世代簪缨，马超勇猛无比，在渭水把曹操杀得大败，看来只有调回关羽来才行。"这一下激恼了张飞，他立下军令状，出战马超，最终使马超投降，诸葛亮的激将法起了重要的作用。

身为一名领导，与员工接触的机会非常多，有时，你会发现某位工作杰出的员工，因为多次出色地完成任务而沾沾自喜，甚至有点飘飘然了。无论对上司，还是对同事都不甚礼貌……这时，你就应该适当地"激"他一下，对他说："我觉得和你一块工作的小李挺出色的，上次你完成的计划也有他一份功劳吧。你可得加紧努力啊……"

这样，他会感觉到身边的压力，从而收敛自己的得意情绪，并且会更加投入地工作。当然，使用"激将法"还要视员工的态度和他的心理承受能力而定。否则，如果员工的心理承受能力较差，你的激将法不但无法收到预期的效果，甚至会让他一蹶不振。

那么，怎样把握"激将法"的语言技巧呢？不妨注意下面几点。

1. 对待不思进取的员工

有些员工精力充沛，没有压力，很容易满足现状，不思进取，工作也没有什么出色的记录，对于这种人，你就应该经常激激他，并且把一些重要的工作交给他。这时你可以这样对他说：

"小王，这项工作只能交给你了，我知道你平时工作记录不是很出色，但是没办法，公司现在实在没人手，我希望你能尽心尽力地完成它……"

听完这话后，小王肯定会不舒服，甚至会有不服气的感觉，心里会想：凭什么说我工作不出色呢？我要让你看看！这样，他会把怒气转化为工作的力量，全心全意地去工作……所以，你不仅用他的过剩精力来提高了效率，而且也让他在出色完成工作后有种成就感，从而更加热爱他的工作，这也是评价员工工作的一种技巧。

2. 对待自卑感的员工

有些员工虽然很有才华，但是有些自卑感，总怕自己干不好，这时你若狠狠打击他，会让他更加怀疑自己的能力，所以你采取行动时不要太鲁莽，要讲点方法。

对待这种员工，要采取"唱双簧"的方式，找个人配合，一个唱黑脸，一个唱白脸，一搭一唱，效果会很好。

打个比方，作为管理者的你要斥责一名年轻的员工，你唱的是黑脸，你应该对员工强悍一点，严厉一些，然后由你的助理——"白脸"上场，也就是你训斥后让助理找他，让你的助理扮演一个和善的角色，告诉他："其实领导是想用'激将法'激励你，说实在的，他挺欣赏你的，一直希望你……"

这样，他会感觉到你对他的期望，心里不免有点高兴，同时也领悟到你给他的压力，所以会很认真地更加自信地工作，那样，效果自然是没得比了。

在这种场合，应该是"白脸"唱主角，但千万要注意唱"白脸"的助理是否可靠，绝对不能让他夸大其词，信口开河甚至在后面说你的坏话，否则后果是难以想象的。

适当地对你的下属使用"激将法"，你会发现他们的工作效果会更好。

激发好胜心，可以使下属斗志高昂

一位成功的领导者应善于激发下属的好胜心，因为这确实是使人们振奋精神，接受挑战的可靠办法。

艾尔·史密斯曾任美国纽约州州长，他曾经成功地使用好胜心创造了一个奇迹。

一次，史密斯需要一位强有力的铁腕人物去领导魔鬼岛以西最臭名昭著的辛辛监狱，那里缺一名看守长。这可是件棘手的事。

经过几番斟酌，史密斯选定了新汉普顿的刘易斯·劳斯。

"去领导辛辛监狱怎么样？"史密斯轻松地问被召见的劳斯，"那里需要一个有经验的人去做看守长。"

劳斯大吃一惊，他知道这项任务的艰巨。他不得不考虑自己的前途，考虑这是否值得冒险。

史密斯见他犹豫不决，便往椅背上一靠笑道：

"害怕了？年轻人，我不怪你，这本就是个困难的岗位，它需要一个重要人物来挑起担子干下去！"

这句话激起了劳斯的好胜心，他最终接受了挑战，并在辛辛监狱待了下去。

后来，劳斯对监狱进行了改革，帮助罪犯重新做人，成了当时最负盛名的看守长，他创造了奇迹。这奇迹本身也可说是史密斯巧妙利用了好胜心，激发下属的潜能而创造的。

好胜与挑战是人之天性。对于许多工作，只要你善于激励，他们一定会以最大的热情去干，并干好这些工作。

拜托下属完成任务，一定要说明期限

善于培养职员的领导常常给职员明确的指示和命令，让他们在发挥自己的才干中逐渐成长。因此，一定要善于指导职员如何正确接受领导的命令。领导下命令时语言要做到：简练、准确，不需要形容和描绘；使用专业术语，概念清楚，尽可能排除误解；有可操作性；保证传达渠道畅通无误。

例如：要求职员清洁地毯，要讲明是清洗还是吸尘，而且要说明范围和标准。另外，"请大家努力提高认识，加大力度。"这种语言尽量不要出现，因为这句话几乎无标准，也无准确的概念。

从员工方面来说，如果想很好地接受上级的命令，必须注意：在接受上司命令时，要准备好一个笔记本，随时简明扼要地做记录，如有问题要等上司说完之后再提问题；提问题要谦虚，根据实际情况提出问题，希望上司对自己提出的问题给予重视；执行命令时要做好准备，抓住时机，执行过程中要多汇报，多与同事及上司商量；最后要认真总结并写出报告。

对领导来说，对下属下达的命令要有时间性。管理专家姜汝祥博士在《差距》一书中说"时间是命令的生命"。他举了一个例子：土地肥沃的巴格达人与印度人都可以在自己高兴的时节播下稻种；但泰国人由于气候的关系没有一个适当的时节，必须制定周密的计划好好地进行，由于台风会来袭，所以收割的时期也要先决定好，如果迟了，长期的辛劳就会付诸流水。于是，就要拟定周密的工作计划。这就是命令的时间性。

有的公司里老板与部下过于客气，用一种"麻烦你给我做这个"的拜托方法。虽然部下说"好"，但过了很久仍没有做，而老板也因此忘记此事，这样的例子很多。因此有必要对要做的工作规定明确的时间，并加以核对。一旦有过这种训练，则目标与实绩就可相互对照。

慷慨的赞赏，是激发士气的利器

成功学之父、人际关系学之鼻祖卡耐基就曾大声疾呼：领导要对员工"慷慨地赞赏"。

一家成功的大型企业的老板在谈到成功的秘诀时说："很简单，就是赞赏下属。"这一点没有夸张，赞赏就具有如此的魔力，它能使对方感到满足，使对方兴奋，而且会有一种想要做得更好以讨对方欢心的心理。如果一个小孩得到别人的赞赏，那他的成绩会大有进步；如果一个男士得到意中人的赞赏，会乐得几晚睡不着觉；而一个下属若能得到领导的赞赏，他肯定会尽力表现得更好。

中国古话中的"士为知己者死"说得也是赞赏的巨大激励作用。这话出自春秋战国时期的大侠豫让之口，豫让本人也确实做到了。豫让是智伯的家臣，智伯很欣赏他，对其委以重任。在智伯被消灭以后，豫让千方百计为他报仇。为了刺杀仇人，豫让不惜把漆涂在身上，使皮肤烂得像癞疮，后来又吞下炭火使自己的声音变得嘶哑，就连妻子也不认识他了。虽然最终失败了，豫让却用生命报答了智伯的知遇之恩，也诠释了赞赏的力量是无穷大的。

我们每个人都有一种强烈的愿望，就是被人赞赏。领导对下属的赞赏，能大大满足他们的荣誉感和成就感，使其在心灵上受到鼓励。

对于赞赏在管理中的重要性，玛丽·凯说："金钱之外，人们最想得到的还有两样东西，那就是认同和赞赏。"这位自认为对于金融财政一窍不通的女人，却实现了自己的理想，创造了一个化妆品王国。她成为领导者的经验就是："我们认为员工们需要得到成就的认可，因此我们总是尽可能地给予他们赞赏。"

为了激励员工，玛丽·凯煞费苦心。在公司每年举办一次的颁奖晚会上，都有数以千计的化妆品推销员在掌声和喝彩声中领取各种各样价值不菲的礼品。出类拔萃的员工能在鼓乐声中接过鲜花，得到加冕。

此外，玛丽·凯还经常联系出版社或者杂志社来宣传优秀的员工，对他们的业绩表示肯定。

相对于物质奖励来说，精神上的赞赏更具有优势。从领导角度来看，赞赏不需要多少本钱，同样也能满足下属的荣誉感和成就感。玛丽·凯就说过："假如你不想向你的工人分发卡迪拉克车、钻石戒指和貂皮大衣，那就认可他们的劳动、肯定他们的成果吧！最有效的激励根本不花费什么东西，它只是简单的赞赏。"而从下属的角度看，工资和收入都是相对稳定的，不会指望在这方面有多少意外的收获。他们常常很在乎自己在领导心目中的位置。特别是下属很认真地完成了一项任务或做出了一些成绩之后，领导不给予认可与表扬的话，就会严重挫伤下属的积极性，认为反正老板也看不见，干好干坏一个样。

对于下属渴望赞赏的心理，领导者应该牢记下面几句话：每个下属都是利己主义者，他需要某种程度的被注意、被欣赏和被承认；每个下属都是对自己比对别人更感兴趣；每个下属都希望他是最被领导所器重的人；从领导面前经过的每个下属都希望被领导看重和高度评论；每个下属都在不同程度上渴望被别人重视，他希望能成为领导在工作中不可或缺的一个人。常言道"重赏之下，必有勇夫"，这个"赏"不一定是物质的刺激，更包括精神上的赞赏。金钱的激励不仅会增加管理成本，而且刺激强度会一次比一次小；但赞赏就不同了，赞赏根本不需要花费什么，甚至只是领导一句赞美的话语、一个佩服的眼神、一次真诚的点头，就能满足下属精神上的需求，让下属感激你、信任你，并为你的团队忘我地工作。

赞赏是一种成本低、见效快、回报率高的管理方法，领导者的一句话、一个眼色就有可能得到意想不到的回报。赞赏还是沟通情感、鼓励员工、激发士气的最佳手段。因此领导者要在管理活动中，充分利用赞赏这个法宝，以达到提高管理效率的目的。

既然赞赏是一种方法，就要讲究一定的技巧，不是随便胡诌几句就能达到赞赏的目的，方式不当还会适得其反。赞赏下属，必须掌握适当的时机和分寸。哪方面值得赞赏？在什么环境下赞赏？赞赏到什么程度？这都是有学问的。良好的赞赏一般都具有下列特点：

（1）心诚则灵。领导之所以赞赏下属，是因为下属确实有可取之处，值得领导的钦佩与肯定。赞赏只是手段而不是目的，如果为了赞赏而赞赏，赞赏就会变得无中生有或者牵强附会。比如"您老亲自上厕所啊"之类的话，会让下属感觉是在戏弄他而不是赞美他。

（2）恰如其分。赞赏要与客观实际相符合。既要找准下属的优点与业绩，又要实事求是地评估，不能夸大其词。比如，一个下属顺利地完成了一件平常的工作任务，你说"辛苦了，干得不错"就行了，他听了会感到特别高兴，如果你说"感谢你做出的划时代的贡献"，下属就会觉得你在说反话，是对他工作的不满。

（3）词能达意。在赞赏的时候，要想好怎样说话，因为一不留神就可能说反了。

比如，某员工平时姗姗来迟，这天却早早来到办公室做清洁。你就不能说："今天来得真早，难得难得！"对方听了以为你在批评他平日来得晚。如果说"你今天真早，吃饭了吗？"这样既赞赏了下属，又含有关心之意，下属听了会感到很舒服。

（4）时机恰当。领导对下属的赞赏不是随时都漫天飞的，而是要选择最恰当的时机。一般来说，下属工作很努力、很艰苦的时候；下属在接受工作指派的时候；下属取得了工作成果的时候，在这样的情况下他们往往极其渴望得到领导的承认与欣赏。在这些时候，领导应该及时赞赏，满足下属的精神需求。

（5）选择合适。赞赏还要选择地方。当下属取得骄人业绩的时候，可以选择当众赞赏或奖赏；当希望下属更上一层楼的时候，可以在私下谈话中赞赏，因为没有什么成绩就当众赞赏，会引起其他下属的不满；还可以在其他人面前称赞另外一个下属，让第三者转达你的赞赏，这往往会有意想不到的好效果。

（6）形体语言。赞赏主要是靠语言来完成的，但也应该重视动作、眼神、姿态等形体语言来表达领导者的赞赏之情。比如，给予真诚的微笑，能让下属倍感温暖；一个真诚的眼神，能表达你对下属的关注与尊敬；轻轻地拍拍肩膀，能迅速拉近与下属的心理距离，增加下属的信心与归属感……形体语言能让下属更加强烈地感受到来自领导者的赞赏是真诚的。

第 3 章
"面对下属发牢骚"的说话技巧

别怕下属发牢骚，倾听牢骚能提高效率

在管理过程中，每一个领导者都会面临着下属的牢骚满腹的问题。每个下属的利益需求不同，看问题的角度也不同。就算领导做出的正确决策是为下属着想的，还是会招来非议，引来很多牢骚。好心得不到好报，有时会让领导者很窝火。

如何对待牢骚，考验着领导者的胸襟度量与管理水平。在有水平的领导者眼中，下属发发牢骚是正常的事情，甚至还是好事情，牢骚在他们看来，就好比是化解冲突的"安全活塞"。我们都知道，在压力容器上，比如高压锅肯定会有安全活塞，一旦压力高于承受力时，活塞就会自动排气，以防高压锅爆炸。下属发发牢骚与此类似，能让不满情绪排泄掉，有利于避免上下级之间的矛盾激化。

美国哈佛大学心理学系曾组织了一次这样的实验。在芝加

哥有一家制造电话交换机的工厂，厂里各种生活和娱乐设施都很完备，社会保险、养老金等其他方面做得也相当不错。但让厂长感到困惑的是，工人们的生产积极性却并不高，产品销售也是成绩平平。

为找出原因，厂长向哈佛大学心理学系发出了求助申请。哈佛大学心理学系派出一个专家组进厂开展了一个"谈话试验"，就是专家们找工人个别谈话，规定在谈话过程中，专家要耐心倾听工人们对厂方的各种意见和不满，并做详细记录，而且要求专家对工人的牢骚不得反驳和训斥。这一实验研究的周期是两年。在这两年多的时间里，研究人员前前后后与工人谈话的总数达到了两万余人次。

结果两年下来，工厂的产量大幅度提高了。经过研究，专家们给出了原因：长期以来，工人对这家工厂的各个方面有诸多不满，但无处发泄。"谈话试验"使他们的这些不满都发泄出来，从而感到心情舒畅，工作干劲高涨。

这就是管理学中著名的"牢骚效应"：牢骚不一定是正确的，但认真对待牢骚却总是正确的。牢骚是改变不合理现状的催化剂。由此可见，领导者对待牢骚的原则是：宜疏不宜堵。堵则气滞，牢骚升级；疏则气顺，心平气和，情绪高涨，下属的工作积极性和主动性自然提高，精神面貌为之焕然一新。领导者需要思考的不是杜绝牢骚或者压制牢骚，而是如何让牢骚更适当地发泄出来，达到化牢骚为工作动力的目的。

领导在管理上的成功，不是完美到下属没有一句牢骚，也不是利用权力不准下属发牢骚，而是能正确对待牢骚，善于化解牢骚。在美国的一些企业中，有一种叫作"发泄日"的制度，即每个月专门划出一天供员工发泄不满。在这天，员工可以对公司同事和上级直抒胸臆，开玩笑、顶撞都是被允许的，领导不许就此迁怒于人。

在日本松下电器公司，所有分厂里都设有吸烟室，里面摆着一个松下幸之助本人的人体模型，工人可以在这里用专门准备的鞭子随意抽打"他"，以发泄自己心中的不满。这为下属的牢骚提供了出口，使平时积郁的不满情绪都能得到宣泄，从而大大缓解了他们的工作压力，提高了工作效率。

牢骚虽然是体察下情、了解民声的好形式，是领导者提高管理水平的催化剂，如何及时化解下属的牢骚，领导者应该学好下面这几招：

第一，不要忽视。不能充耳不闻、视而不见，等到小牢骚变成大仇恨就会后悔晚矣！

第二，严肃对待。"千里之堤，溃于蚁穴"，要怀着如履薄冰的心情来认真对待。

第三，承认错误。主动承认自己的失误并做出道歉，基本上能马上让牢骚土崩瓦解。

第四，认真倾听。认真地倾听下属的抱怨，从中找到牢骚产生的真正原因。

第五，不要冒火。有牢骚的下属本来就一肚子的火，领导者再发火只能激化矛盾。

第六，掌握事实。只有把事实了解清楚了，相应的对策才可能正确。

第七，别兜圈子。正面答复抱怨时，要具体而明确，要触及问题的核心。

第八，解释原因。如果只是误会，耐心地摆事实、讲道理，下属自然会理解的。

第九，表示感谢。牢骚说明下属对工作负责、对团队关心，不该感谢吗?

第十，不偏不倚。涉及下属之间的矛盾，公平处事最重要。

第十一，敞开大门。对下属永远敞开沟通的大门，要让他们随时能找到你。

沟通是心灵的对话，是情感的交流。有效的沟通是领导成功的关键，这早已不是秘密。特别在对待下属的意见、批评、牢骚这些负面情绪方面，上下级如果能坦诚相见、沟通得好，就能形成战无不胜的凝聚力、战斗力和创造力!

倾听下属说话，能唤起对方的亲近感

　　与人交谈和沟通的过程中，有的人能够做到倾听别人的谈话，但过后再问他究竟听了对方讲了些什么，却又说不清楚。这样的人只能说是在听别人的讲话，而不是有效倾听。

　　有效倾听首先应该是用心地聆听对方的谈话，不仅要听，更要听得清、听得懂。如果对方在一旁大谈特谈自己的经历和故事，而你却心不在焉，一边听一边在想着其他的事，那么就没有达到倾听的目的和效果。这样的听就算不上是倾听。

　　美国教育家戴尔·卡耐基，叙述了一个他亲身体验的小故事。一次，卡耐基同一位名人在晚餐会上交谈。席间，卡耐基自始至终只是充当了一个听名人讲话的角色。事后，名人却向晚餐会的主持者赞扬说"卡耐基是一个非常善于交谈的人"。得知此事后，卡耐基不禁大吃一惊说："我只是很认真地听他讲话而已。"

　　富有魅力的人大多是善于倾听他人言谈的人。真正善听人言者比善言者更能感动对方，更能唤起对方的亲近感。

　　平日我们也常听到有人抱怨，或者我们自己也一直在抱怨："为什么表达自己是那样的难。我总是那么笨嘴笨舌的，不善言谈，所以无法很好地与别人相处，人际关系也就总处理不好。"不善言谈的人，亦是不善倾听他人言谈的人。因为他在交往中过于在意自己的行为，总是不断地惦念着：一定不能让对方笑话自己，要把话说得漂亮些，否则就得不到对方的认同。另一方面，他又为自己的说话达不到那种理想程度而感到十分苦闷。这样，当然也就不会聚精会神地倾听对方的说话了，免不了忽视对方，很难真正在听别人讲话，而只是随便地点头附和，心不在焉地听听而已，有时甚至不等对方把一段话说完就迫不及待地自己说了起来。这是一种只要求对方听自己说话的单方面的交谈方式。

要做一个善听人言者，这比任何一个雄辩者都要更吸引人，同时也是搞好人际关系的有效手段。

那么，怎样做到有效倾听呢？

1. 全神贯注地倾听

倾听时要精神集中，神情专注。为表示自己注意倾听，要多与对方交流目光，别人讲话时要适时点头，并发出"是""对""哦"等应答。但不要轻易打断别人的谈话，也不要随便插话，若非插话不可，要先向对方表示抱歉，并征得对方同意，如"对不起，我可以提个问题吗？"或"请允许我打断一下"。

2. 不随意插话和妄下论断

交谈中要尊重对方的观点，即使你不同意别人的看法，也不要轻易打断别人的谈话。如确有必要，需等人家讲完后再阐明自己的观点。特别是对方还没有充分地把自己的意思表达清楚的时候，不要轻易表态，乱下断语，也不要挑剔批评。否则会让人感到你有一种优越感，影响交谈的进行。

3. 耐心倾听

交谈中要注意控制自己的情绪。有时会因为对方过长的发言或自己不感兴趣的话题而感到厌烦，这时要学会控制自己的情绪，不要使之表露出来，要耐心听他把话讲完，这是对讲话人的尊重。特别是对方有意见的时候，要耐心倾听，给对方提供宣泄自己不满的机会。

4. 力求听懂

听别人说话，不仅要听见、听清，最重要的是听懂，认真领会他人话语中的含义。光听不思考、置若罔闻、心不在焉地听都不是有效倾听。只有用心倾听，才能真正达到沟通的目的，解决沟通中存在的问题。

倾听下属的牢骚和抱怨，然后区别对待

领导者经常要面对下属的牢骚、怨气。如果下属的牢骚话有一定的道理，领导者应引起重视，如果下属的牢骚话纯属争一己私利，发泄个人怨气，领导者也应做好疏导说服工作，不

可听之任之。那么，当下属发牢骚时，领导者怎么说话才更恰当呢？

下属有怨气、发牢骚，往往情绪冲动，理智常常为感情所左右，此时较好的方法是采用冷处理的策略，这是一种缓兵之计，可以缓解矛盾，赢得时间了解真实情况，寻求解决问题的方法。

某公司职工老张，在年终评比后找到人力资源部的李部长发牢骚，他情绪激动地说："我们这些人只会老老实实凭良心干工作，不会表功。可是公司评先进也不能总是评那几个'荣誉专业户'，我们这些老员工难道就不先进了吗？"

李部长给老张倒了一杯茶，说："老张，你的心情我完全理解。等我了解一下情况一定给您满意的答复。"老张见李部长这样说话，气消了一些，坐下来，心平气和地谈了他的看法，同时汇报了他一年来的工作情况。老张干的工作有一些确实是公司领导层不知道的，后来，李部长通过调查了解证明属实，经公司董事会研究，决定增加名额，把老张也评为先进员工，并补发了奖金。

发牢骚的下属看问题的立足点往往只在自身，缺乏全局观念，往往比较片面、偏激。部门领导对这样的发牢骚者进行说服，可以运用两分法，剖析事物的辩证关系，明辨是非，全面地看问题，帮助他们正确认识自己，正确对待别人，从而打开他们的心结。

某公司采购部员工刘先生在专业技术人员年度考评中没有评为"优秀"，心里不服气，就找公司的陈经理发牢骚说：

"我一年来按时上班，风雨无阻，很圆满地完成了公司的采购计划，还为公司节省了不少开支，为什么我就不能被评为'优秀'？"

对此诘难，陈经理耐心地解释道："不错，您确实是一个尽职尽责的好同志，出勤好，履行职责也到位。按公司的规定，您可以得到满勤奖金和采购部员工的岗位津贴。但是，专业技术人员评优，不仅要看平时工作态度和履行职责的情况，还要看是否有建树，评上优秀的几位同志，在这方面都做得较好。如果来年您在这方面再努一点力，我认为您还是很有希望的。"陈经理的一番话，说得老刘心服口服。

从上面的例子我们不难看出，对于发牢骚的下属，做领导的要区别对待，要根据下属的不同特点采用不同的方法，对那些有一定能力，但对目前状况不满的发牢骚的下属，不妨运用激将法，有目的地用反话刺激对方，使对方从自我压抑中解脱出来，代之以上进心、荣誉感、奋发精神。

某局机关办公室秘书小王具有大学本科学历，但每当他看到那些学历不高的人发了财，心里就很不服气。一天，他向该局孙副局长发牢骚说："现在的社会，学历低、胆子大的人挣大钱；学历高、胆子小的人挣不了几个钱。"言下之意是埋怨自己的待遇太低。对此，孙副局长说："现在的社会讲究真才实学，学历高的人不一定能力强；能力强的人也不一定学历就高。不要不服气，有本事你给我露两手瞧瞧。咱们局下属有几家企业，正缺有能力的厂长、经理，你敢不敢立军令状，下去把企业搞活？"

这话对小王的触动很大，他想自己怎么说也是正规大学毕业的，难道真的那么窝囊吗？与其整天窝在机关里无所事事，倒不如下去干他一番。于是，他真的要求下企业当了厂长，果然使企业扭亏为盈。

还有些下属私欲极强，偶不如愿便满腹牢骚，领导多次说服也难以奏效。对这种人，可以让他当众说出他积怨在何处。这种办法，可以克制某些人的私欲。

某公司总经理助理小周总感到自己工作干得不少，可钱却没多拿，吃了亏，并且有职无权，说话不算数，因而常发牢骚。有一次，他又当众发牢骚说："我人微言轻，只有虚名，而无实质内容，名义上是在管理层，实际上什么事也管不了。"

正好程经理路过听到了，他反驳道："小周，你说你只有虚名，而无实质的内容是什么？你说你只是名义上的干部，实际上什么事也管不了，请你说说，你要的是什么样的实权呢？

有意见可以向公司反应，不要老是牢骚满腹，你有什么要求，打个报告上来，公司研究一下，如果合理，自然会采纳。"

　　小周自知理亏，无言以对，只好默默接受批评，当然也不敢打什么报告。以后再不敢胡乱发牢骚了。

讲究策略，巧妙应对员工加薪的要求

　　作为一名领导者，当一位尽职尽责的下属向你提出加薪要求时，你会怎么办呢？

　　如果你正巧准备给这位下属加薪那自然是皆大欢喜了，但如果你认为下属的工作表现不足以达到加薪的标准，或企业正遇到经济危机，身为中层领导的你，该如何应对，才能把问题圆满解决而不是闹到老板那里才罢休。

　　这个时候，一定要讲究一下说话的策略，特别是对那些为公司做出很大贡献，具备一定实力的员工，你更要慎重。因为，他非常有可能在向你提出加薪要求之前，已经为自己准备了后路——加薪不成，另谋高就。如果你不想失去这样的员工，那么在谈话时就要谨慎小心。

　　小李是一家出版社的主任编辑。一天，下属小罗向他提出要加薪。小李想了一会儿，说道："小罗，我知道你从助理编辑做起，时间不短。你在业绩表中所做的工作总结，我觉得你提到的那几点都很重要。但是现在的情况是，我们离第一次薪金评估还有很长时间。所以我现在无法批准薪金评估报告。"

"另外，说实话，我觉得就你现在这份业绩表的内容来说，比较有说服力的数据还显得很不够。现在离年底的评估报告还有一段时间，你再加把劲儿，争取让你手上的那两个图书选题能够在年终出炉。而且，我们社最近设立的那个新项目，相信你肯定也能做出点业绩来的，你不妨尝试一下，这样，在年底评估的时候，你就可以有一份比较有说服力的报告给我，到那时，我一定会尽力为你争取加薪。"

在这里，小罗的主管巧妙地为他设定了一个比较实际而又有意义的工作目标，机智、不着痕迹地回绝了他当前的加薪要求。清楚地表明，加薪要有"硬指标"，要有客观的工作成绩，而她目前的工作成绩还不足以享受这个薪资待遇。更重要的是，谈话将负面的拒绝转向为正面的激励——使加薪成为员工取得更高成就的动机。

其实，员工在向主管提出加薪要求之前，就已经做好了接受两种结果的准备。如果领导者能够本着设身处地的态度，为员工着想，给出合理的拒绝加薪的理由，让员工明白做出这样的决定不是你一个人的独断专行，而确实是事出有因。相信一定可以取得员工的理解或谅解。

　　但是，在你向下属做出合理的解释之前，还要做一件事，那就是先认真地倾听和复述员工的要求和想法。要知道，下属要鼓足勇气走到你跟前来更是要花点时间的。所以当员工向你提出这样的要求时，你最好请他坐下来，让他讲一讲自己认为应该加薪的理由，你可以了解员工的问题所在。更有利于你从对方的视角看问题，从而更有针对性、更有说服力地向对方阐明拒绝的理由。

　　领导者如果既想拒绝加薪，又要保证下属的工作积极性，不妨尝试以下的方式：提供良好的发展空间，使下属在公司内部发挥出个人最大的优势，在技术上，经验上得到积累；提供难得的培训机会等等。你可以视对方的情况，这样对他说："我知道，公司因为暂时面临困境，无法满足你的加薪要求，可能会让你很失望。所以，根据你的情况，公司管理层在昨天的会议上进行了一次沟通，提出了这样一个方案：调你到公司总部的技术部工作，虽然那里的薪资待遇和这里相同，但是相对来说，生活和办公条件要比这里优越，更重要的是接受培训的机会比较多，你作为年轻的技术人员，在那里会找到更多的发展机会，你觉得怎么样？"

　　想必但凡有些上进心的员工，对这样的安排都会有意外之喜，并欣然领命吧。这样做也会使员工感到：在这里工作，除了金钱之外，还可以收获到更有价值的东西。

下属不愿意讲真话，往往是担心后果

作为森林王国的统治者，老虎几乎饱尝了管理工作中所能遇到的全部艰辛和痛苦。它终于承认，原来老虎也有软弱的一面。它多么渴望可以像其他动物一样，享受与朋友相处的快乐，能在犯错误时得到哥们儿的提醒和忠告。

它问猴子："你是我的朋友吗？"

猴子满脸堆笑着回答："当然，我永远是您最忠实的朋友。"

"既然如此，"老虎说，"为什么我每次犯错误时，都得不到你的忠告呢？"

猴子想了想，小心翼翼地说："作为您的属下，我可能对您有一种盲目崇拜，所以看不到您的错误。也许您应该去问一问狐狸。"

老虎又去问狐狸。狐狸眼珠转了一转，讨好地说："猴子说得对，您那么伟大，有谁能够看出您的错误呢？"

上面这个寓言故事，还有下面这个现实世界的版本。

在苏联的一次政府会议上，赫鲁晓夫声色俱厉地指责斯大林的错误，突然听众席上有人打断了他的讲话。

"你也是斯大林的同事，"提问者大声喊道，"为什么你当时不阻止他呢？"

"谁在这样问？"赫鲁晓夫怒吼道；

会议厅里一片极度不安的寂静，没有人敢动弹一下。

最后赫鲁晓夫轻声说："现在你该明白为什么了吧？"

赫鲁晓夫轻声说出的话，道出了领导难以听到下属真心话的原因——恐惧。

想要部属指出你的缺点和错误，首先得让他们确信自己不会被报复和惩罚，其次是要给他们勇气，还有就是作为主管的你，必须具有明辨是非的眼力和包容的胸怀。简言之，如果管理者要想听到真话，就要开创一个让下属敢于讲真话的环境和氛围。

松下幸之助是一个坦诚直率的人，因此他也希望员工同样有自主性，同样坦诚直率，从而在公司形成一种自由豁达的风气。

松下公司员工必须遵守公司经营理念的要求，在此基础上，每一个员工都不必唯命是从，可以自由发挥自己的判断力，而不是采取消极的态度。

松下说："员工不应该因为上级命令了，或希望大家如何做，就盲目附和，唯命是从。"

在松下的企业里，允许员工当面发表不同意见与不满。以前，松下电器的员工分为一、二、三等和候补四级。有一位迟迟未获升迁的候补员工对自己的境遇十分不满，所以就直截了当地对松下说："我已经在公司服务很久，自认为对公司有了足够的贡献，早已具备了做三等员工的资格。可直到现在，我也没有接到升级令。是不是我的努力还不够？如果真是如此，我倒愿意多接受一些指导。其实，恐怕是公司忘了我的升级了吧？"松下对此非常重视，责成人事部门调查处理。不久就给候补员工办理了升级手续。

松下鼓励大家把不满表达出来，而不是闷在心里。这样就不会增加自己的内心痛苦，对公司也是很有好处的。

松下从不限制员工越级提意见或提建议，即使普通员工，也可以直接向社长，而不是他的直接上级反映问题，表明主张。所以他提醒那些高层干部，要有这种心理准备，对此要有欢迎的姿态和支持的行动。

松下认为，公司既然是大家一起经营的，就应该由大家来维护，无论哪一环出现波动，失去团结，都会影响到企业正常的运转。

据说，曾经有一位员工被批发商狠狠骂了一顿，说松下的电器质量不过关。如果在其他公司，这个员工很可能只是向他的上司发发牢骚，甚至不做任何汇报。但是这名松下的员工如实地向松下幸之助报告了。随后，松下就亲自拜访了这位批发商并表示歉意。批发商因为一时的怒气而发了一通牢骚，不料却引起社长亲自拜访，非常不好意思。自此以后，松下公司与这家批发商的关系密切多了。

处理员工牢骚和抱怨的十三个原则

谁心中都有不愉快的事，谁都会有牢骚和抱怨。以下内容概括了领导处理员工牢骚和抱怨的十三个原则。

1. 不要忽视

不要认为如果你对出现的困境不加理睬，它就会自行消失。不要认为如果你对员工奉承几句，他就会忘掉不满，会过得快快活活。事情并非如此。没有得到解决的不满将在员工心中不断发热，直至沸点。他会向他的朋友和同事发牢骚，他们可能会赞同他。这就是你遇到麻烦的时候——你忽视小问题，结果让它恶化成大问题。

2. 机智老练

不要对提建议（可能是好意的）的员工不加理睬，这样他们就没有理由抱怨了。

3. 承认错误

消除产生抱怨的条件，承认自己的错误，并做出道歉。

4. 不要讥笑

不要对抱怨置之一笑，这样下属可能会从抱怨转变为愤恨不平，使生气的员工变得怒不可遏。

5. 严肃对待

绝不能以"那有什么呢"的态度加以漠视，即使你认为没有理由抱怨，但员工认为有。如果员工认为它是那样重要，应该引起你的注意，那么你就应该把它作为重要的问题去处理。

6. 认真倾听

认真地倾听员工的抱怨，不仅表明你尊重员工，而且还能使你有可能发现究竟是什么激怒了他。例如：一位打字员可能抱怨他的打字机不好，而他真正的抱怨是档案员打扰了他，使他经常出错。因此，要认真地听人家说些什么，要听弦外之音。

7. 不要发躁

当你心绪烦乱时，你会失去控制。你无法清醒地思考。你可能会轻率地做出反应。因此，要保持镇静。如果你觉得自己要发火了，就把谈话推迟一会儿。

8. 掌握事实

即使你可能感觉到要你迅速做出决定的压力，你也要在对事实进行了充分调查之后再对抱怨做出答复。要掌握事实——全部事实，了解了事实，再做出决定。只有这样才能做出完美的决定。急着决定，事后会后悔。记住，小小的抱怨加上你的匆忙决定可能变成大的冲突。

9. 别兜圈子

在你答复一项抱怨时，要触及问题的核心，要正面回答抱怨，不要为了避免不愉快而绕过问题。你的答复要具体而明确。这样做，你的话的真意才不会被人误解。

10. 解释原因

无论你赞同员工与否，都要解释你为什么会采取这样的立场。如果你不能解释，在你下达决定之前最好再考虑考虑。

11. 表示信任

并非所有的回答都是对员工有利的。回答"是"时，你不会遇到麻烦，回答"否"时，就需要用你的管理技能，使员工能理解并且心情愉快地接受你的决定。在你向他们解释过你的决定之后，你应该表示相信他们将会接受。努力使他们清楚你所做的决定的理由，使他们同意试一试。

12. 不偏不倚

掌握事实，掂量事实，然后做出不偏不倚的公正决定。做出决定前要弄清楚员工的观点。如果你对抱怨有了真正地了解，或许你就能够做出支持员工的决定。在依据事实，需要改变自己的看法时，不要犹豫，不要讨价还价，要爽快。

13. 敞开大门

不要怕听抱怨。"小洞不补，大洞吃苦"，这句话用于说明在萌芽阶段就阻止抱怨是再恰当不过了。要永远敞开大门，要让员工总能找到你。

第 4 章

"批评而不令人反感"的说话技巧

掌握批评的三条原则，让批评的效果更理想

人非圣贤，孰能无过？在日常工作之中，下属的工作常常会出现某些偏差和错误。但是由于外部条件的限制，下属自身往往难以觉察到这些错误，这时领导就必须及时提出批评，来拨正航向，纠正偏差，保证工作目标的顺利实现。由此可见，领导适时恰当地批评下级不仅是必然的，而且也很重要。这时首先要注意遵守批评的原则。

1. 用朋友的口吻

你作为上司，对某一名下属的工作很不满意且必须指出来，又不便当面批评他时，你该如何做呢？你首先应低调一点，先尝试改变他的态度，以朋友的口吻去询问对方："发生了什么事？""我能为你做些什么？"或"为什么会这样？怎么回事？"等等，这有助于你对情况的了解，以便更

好地解决问题。这应是上策，可以直接告诉他你心目中的要求，但不要说："你们这样做根本不对！""这样做绝对不行。"你可以说："我希望你能……""我认为你能做得更好。""这样做好像没真正发挥你的水平。"用提醒的口吻和对方说更好。

然后私下与其交换意见，委婉地表达自己的想法，并与他摆事实、讲道理、分析利弊，他就会心悦诚服，真心接受你的批评和帮助。反之，如果你居高临下，盛气凌人，以上司的口吻责备，那就会引起下属的反感，批评就会失去效果。可见，批评时的角色定位很重要，它会使批评产生截然不同的效果。

有时可能因工作繁忙，未能及时处理矛盾纠纷，你可以先行对矛盾双方进行慰问，稍事过后再进行处理，这一方面缓解了下属间由于彼此矛盾或纠纷造成的紧张气氛，另一方面可以多了解下属间产生矛盾的原因，以便调整今后的工作。

2. 对事不对人

在对下属提出批评时，预先要想清楚要说什么话，大前提应该是"对事不对人。"批评时切记：不要做人身攻击。例如："你这个态度，我很不欣赏。"或"为什么你总那么主观，你就不能客观点儿吗？"等等，这样说会使双方的关系非常尖锐对立，对解决问题非但没有帮助，还会使新的矛盾产生。

3. 掌握批评的时机

在发现下属有错误时，要掌握批评的时机，正面批评别人，对谁来说都是一件十分尴尬、为难的事，但作为领导，这是你的工作内容之一。

当你要对下属进行严厉批评时，请预先跟当事人约好一个时间，同时用简单的话先点他一下，让对方有心理准备，这样你也可以提前思考一下对事件的处理方法。然后，把你要说的内容的思路清理一下，重点重申一次，这样有助你减少不安的感觉。不妨写下一个大纲，准备随时翻阅，不致因疏漏而要重讲一次。经常提醒自己："把握分寸""保持冷静""不要忙"，态度自然较轻松。记着，正面和诚恳的语态，可以令受批评者较易接受和免除尴尬。

在批评时开场白是很重要的，切忌凡事用"领导认为"来开头，给对方过大压力。可以婉转地说："你经常迟到早退，是否有什么难处？""单位有单位的规矩，你迟到早退，对其他同事的工作有影响，而且不公平！""我欣赏你做事速战速决的作风，但希望你能依单位规矩而行，以免阻碍正常工作。"

批评下属要及时，立即采取行动。随时发现，随时批评，不要拖延，如果总是想过几天再说吧，这样，对方就会想：

"我一直都是这样做的，怎么你过去就没意见呢？"

但是这并不是说要不加选择地即时批评，有人认为：领导是权威的代表，在与下属谈话时只要使用肯定或提高声调的语气就行了，其实不然，作为领导，要首先考虑到对方的自尊心，不能在大庭广众之下，去纠正下属的过失并且批评他。

有的下属因为本身的原因，常常缺乏干劲，工作没有主动性。你批评他一通，想以此来调动他的主动性，是无济于事的，主动性必须靠内因来调动。对他们的批评只能是隐晦的，在表面上要进行激励。谈话的目的在于让对方接受，而接受则需要对症下药，采取攻心策略。

如果他喜欢养花，可以将他的工作和花儿进行联系，这样就能激起下属的积极性，使他认真、热情地去工作。不仅如此，这种激励的方法还能使下属产生一种责任感，而责任感恰恰是做好工作的前提。如此一来，下属必能心服口服，愉快地接受你的批评，因为他的努力得到了承认，他的积极性得到了肯定。

批评方式有启发式、幽默式、警告式和委婉式

一位哲人说过：我们只有用放大镜来看自己的错误，而用

相反的方法来对待别人的错误，才能对于自己和别人的错误有一个比较公正的评价。

在领导的工作中，批评也是一种必要的强化手段，它与表扬是相辅相成的。作为领导者，应该尽量减少批评所产生的副作用，减少人们对批评的抵触情绪，以达到较理想的批评效果。在批评别人的时候，首先应该对自己与别人都有一个正确的认识。要想到自己应承担的责任，想到自己的不足。同时，以理解的态度去看待对方的过失，考虑一下自己在同等条件下是否也会出现过失，不要以一贯正确的口吻去批评别人。尤其是自己也确有或大或小的失误时，自我批评更应该诚恳。

在批评下属的时候，如果我们换一种方式，私下与其交换意见，委婉地表达自己的想法，并与他摆事实，讲道理，分析利弊，他就会心悦诚服，真正接受你的批评和帮助。

可见，批评的方法是关键，方法不同，效果当然也不同。批评成功的条件，基本概括起来有三条：一是心要诚；二是要有彻底、中肯的分析；三是运用恰当的批评方式。

下面是四种颇有艺术性的批评方式，对领导者具有较强的启示作用。

1.启发式

要使对方从根本、从内心认识到自己的错误，需要批评者从深处挖掘错误的原因，晓之以理，动之以情，循循善诱，帮助他认识、改正错误。

某单位员工小张要结婚了，工会主任问他："小张，你们的婚礼准备怎么办呢？"小张不好意思地说："依我意见，简单点，可是丈母娘说，她就只有这个独生女……"主任说："哦，咱们单位还有小李、小王都是独生女！"这段话双方都用了隐语。

小张的意思是婚礼不得不办，而主任的意思是：别人也是独生女，但能新事新办。

2.幽默式

幽默式批评就是在批评过程中，使用富有哲理的故事、双关语、形象的比喻等，以此缓解批评时紧张的情绪，启发批评者思考，从而增进相互间的感情交流，使批评不但达到教育对方的目的，同时也创造出轻松愉快的气氛。

伏尔泰曾有一位仆人，有些懒惰。一天伏尔泰请他把鞋子拿过来。鞋子拿来了，但布满泥污。于是伏尔泰问道："你早晨怎么不把它擦干净呢？"

"用不着，先生。路上尽是泥污，两个小时以后，您的鞋子又要和现在的一样脏了。"

伏尔泰没有讲话，微笑着走出门去。仆人赶忙追上说："先生慢走！钥匙呢？食橱上的钥匙，我还要吃午饭呢。"

"我的朋友，还吃什么午饭。反正两小时以后你又将和现在一样饿了。"

伏尔泰巧用幽默的话语，批评了仆人的懒惰。如果他厉声呵斥他、命令他，就不会有这么好的效果了。

3. 警告式

如果对方犯的不是原则性的错误，或者不是正在犯错误的现场，我们就没有必要"真枪实弹"地对其进行批评。可以用温和的话语，只点明问题。或者是用某些事物对比、影射，做到点到为止，起到一个警告的作用。

4. 委婉式

委婉式批评也称间接批评。一般采用借彼比此的方法，声东击西，让被批评者有一个思考的余地。其特点是含蓄蕴藉，不伤被批评者的自尊心。

有一次宴会上，一位肥胖出奇的夫人坐在身材瘦小的萧伯纳旁边，带着娇媚的笑容问大作家："亲爱的大作家，你知道防止肥胖有什么办法吗？"萧伯纳郑重地对她说："有一个办法我是知道的，但是我怎么想也无法把这个词翻译给你听，因为'干活'这个词对你来说是外国话呀！"

萧伯纳这种含蓄委婉、柔中带刚的批评方式，针对性极强。

总之，批评的方法应以教育为主，用事实教育人，用道理开导人，用后果提醒人，从而使对方诚心诚意地接受批评。

在严厉批评后，要用安慰或鼓励的话语结尾

每个人都有自尊心，因此批评时一定要平等相待，绝不能以审判者自居，更不能幸灾乐祸，甚至恶语中伤。否则训斥不仅是对被批评者自尊心的损伤，甚至是人格的侮辱，并不能真正地解决问题。应是心平气和地谈论问题，给下级一种爱护、亲近感。

无论任何团体，当员工犯下不可原谅的错误时，作为领导无可避免地要对其加以斥责。但是每个人都有自尊心，批评应是在平等的基础上进行的，态度上的严厉不等于言语上的恶毒，切记只有无能的领导才去揭人疮疤。因为这种做法除了让人勾起一些不愉快的回忆，于事无补；而且除了使被批评者寒心外，旁观的人也一定不会舒服。因疮疤人人都有，只是大小不同，见到同事的惨状，只要不是幸灾乐祸的人，都会有"兔死狐悲，物伤其类"的感觉。

更何况，批评的目的是搞清问题，而不是搞臭下级。而且恰当的批评语言，还牵涉到一个领导的心胸和修养问题，绝不能以审判官自居，恶语相向，不分轻重。

值得注意的是，作为领导，在严厉地批评了下属之后，一定不忘立即补上一句安慰或鼓励的话语，"打一巴掌不忘揉三揉"。因为，任何人在遭受领导的斥责之后，必然垂头丧气，对自己的信心丧失殆尽，如此造成的结果必然使他更加自暴自弃。然而此时领导适时利用一两句温馨的话语来鼓励他，或在事后私下对其表示，正是因为看他有前途，才会严格要求。如此，受批评的下属必会深深体会"爱之深，责之切"的道理，而更加发愤图强。这样一来，下属不仅会牢记错误，而且可能提高工作的积极性和自觉性。

絮絮叨叨的指责，会增加下属的逆反心理

批评的质量与其数量之间，并不存在正比的关系，有效的批评往往能一针见血地指出问题的实质，使下属心悦诚服，而絮絮叨叨的指责却会增加下属的逆反心理，而且即使他能接受，也会因为你缺乏重点的语言而抓不住错误的症结。

而严重的是，有些领导似乎就是喜欢"痛打落水狗"，下属越是认错，他咆哮得越厉害。这样的谈话进行后会是什么结果呢？

一种可能是被批评者垂头丧气，另一种可能则是他忍无可

忍，勃然大怒，重新"翻案"，大闹一场而去。这时候，挨骂下属的心情基本上都是一样的，就是认为："我已经认了错，还要抓住不放，实在太过分了。"性格怯懦者会因此丧失信心，较刚强者则说不定会发起怒来。

显然，领导这么做是不明智的。有些领导认为下属并非真心认错，实际上不论认错态度真假，认错本身总不是坏事，所以应该先肯定下来。然后便可循此思路继续下去：错在何处？为什么会发生这样的错误？造成了什么恶劣后果？怎样弥补损失？如何防止再犯类似错误？

只要这些问题，尤其是最后一个问题解决了，批评指责的目的也就达到了。须知一千个犯错误的下属，就有一千条辩护的理由。下属能自我反省，承认错误，就不应太过苛求。总之，犯错是第一阶段，认错是第二阶段，改错是第三阶段。无论如何在下属认错之后，领导者只能努力帮助他迈向第三阶段，而不是其他。

在公开场合批评下属，绝对不是高明之举

要做到有效的批评，就必须注意应随着批评场合的不同改变批评的方式和语言。那种企图用统一的模式裁判活生生现实

的看法，只会处处碰壁。

就场合而言，不同的场合也要求批评方法的改变

聪明的领导者往往知道根据不同的场合调整批评的方式，而鲁莽的领导者则往往不分场合，简单粗暴。

一般来说，尽量不要在太公开的场合批评下属，在公开场合批评某一个下属的行为，绝对不是高明之举。采用这种方式批评下属，就是在践踏下属的自尊，不仅打击士气，同时也显示出了领导的冷酷无情。

一位质检经理在进行质量检查时，对车间主任咆哮道："看看你让属下做了些什么？这种劣等产品怎么能出现在我们的流水线上！你这个车间主任是干什么吃的？如果再这么干，你就别想再待下去了！"

毫无疑问，质检经理的行为不仅会引起车间主任的难堪和愤恨，同时也会使在场的每一个普通员工感到困惑和不安。他们也许会想："下一个挨骂的人会不会是我呀！"

在这种人人自危的情绪下，又怎么能做好工作呢？尽管产品的质量不佳是一个非常重要的问题，但是质检经理用这种笨拙的方式处理问题，只会使事态更加严重。当着车间工人的面责骂车间主任，会影响车间主任在工人心中的地位，从而直接损害车间主任作为一名管理者的效能。更为严重的是，车间主任的自尊心受到了伤害，他可能就此流露出逆反心理或者破罐

子破摔，甚至怠工、舞弊。后果就可想而知了。

出现了这种问题，最好的方法是：质检经理找到车间主任进行私下讨论。那样不但可以更好地解决问题，同时也能够维持车间主任和工人们的士气，使所有的人都从中获益。

因此，作为一名领导，切不可在公开场合批评员工，更不能当着你的上司面批评，这样会使下属觉得你是有意在告他的状。

应该说，著名化妆品公司总裁玫琳凯女士在这一点上就为我们做出很好的榜样。

在一次由全美各地的美容顾问参加的业务峰会上，她发现有一位美容顾问的衣着、化妆与美容顾问的职业很不相符。随后她了解到这位美容顾问是一位刚刚入行的新成员。玫琳凯意识到，如果采用一对一的方式直接给这位美容顾问提建议，也许会伤害到她。所以玫琳凯决定将自己的意见以一种更巧妙的方式传递给对方。

于是，玫琳凯在业务会议上做了一次题为"美容顾问的仪容和着装"的演讲。这样一来既让与会人员从演讲中学到了东西，又使那位美容顾问意识到了自己的问题，而且又没有伤害她的自尊。

在整个会议中，玫琳凯一再提醒在场的每一位美容顾问，要表现出自己的专业风范。

演讲过后的第二天，玫琳凯发现原来那名邋遢的美容顾问不见了，取而代之的是一位整洁朴素，而又不失专业风范的职业女性。

实在无可避免时，也应注意批评的力度。这一点尤为重要。

古代有一位侠客，他的弟子成百上千。一次朋友问他："有那么多弟子仰慕你、跟随你，你是否有什么秘诀呢？"他回答说："我的秘诀是，当我要责备某一位犯错误的弟子时，一定叫他到我的房间里，在没有旁人的场合才提醒他，就是如此。"

用激励方式代替批评，给人无穷的力量

用激励代替批评，是史金纳教学的基本观点。这位伟大的心理学家以动物和人的实验来证明：当减少批评，多多激励对方时，人所做的好事会增加，而比较不好的事会因受忽视而逐渐萎缩。

许多年以前，一个10岁的小男孩在工厂里做工。他一直喜欢唱歌，梦想当一个歌星，但他的第一位老师却不但没给他鼓励，反而使他泄气。他说："你不适宜唱歌，你根本五音不

全，简直就像风在吹百叶窗一样。"

但他的母亲，一位穷苦的农妇却不以为然，她搂着自己的孩子，激励他说："孩子，你能唱歌，你一定能把歌唱好。瞧你现在已经有了很大进步。"她节省下每一分钱，给她的儿子用来上音乐课。这位母亲的嘉许，给了孩子无穷的力量，也从此改变了他的一生。他的名字叫恩瑞哥·卡罗素，那个时代最伟大、最知名的歌剧演唱家。

假若在这个小男孩的童年，没有母亲的激励与赞许，只有那位老师的无情打击，这个世界上也许就失去了一位著名的歌剧家。

生活中，少一分指责，多一些嘉许，不仅令事情做起来得心应手，也给予对方愉悦的心情，何乐而不为呢？

我们不应当怀着自己的私心或对事物不感兴趣，就对他人的行为采取贬低或批评的态度。没有爱迪生母亲对儿子孵鸡蛋行为的肯定与赞许，也许爱迪生就没有今日的辉煌成就；英国作家韦斯特若没得到老校长的激励，可能就没有今日无数本畅销书，英国文学史就缺少了不朽的一页。

也许就是那一句微不足道的激励，给了那些需要动力的人无穷的力量，给那些身处逆境的人奋斗的信心。谁又能小视它呢？

在《孩子，我并不完美，这只是真实的我》这本书里，著名心理学家杰丝·雷耳评论道："激励对温暖人类的灵魂而言，就像阳光一样，没有它，我们就无法成长开花。但是我们大多数的人，只是敏于躲避别人的冷言冷语，而我们自己吝于把激励的温暖阳光给予别人。"

那么身为领导，在看完上面这些话之后，就别吝啬你的那束阳光，让它普照周围的每一个人吧！

运用三明治策略，让批评在友好气氛中进行

美国著名企业家玛丽·凯在《谈人的管理》一书中写道："不要光批评而不赞美。这是我严格遵守的一个原则。不管你要批评的是什么，都必须找出对方的长处来赞美，批评前和批评后都要这么做。这就是我所谓的'三明治式'批评法——夹在两大赞美中的小批评。"

即在批评别人时，先找出对方的长处赞美一番，然后再提出批评，而且力图使谈话在友好的气氛中结束，同时再使用一些赞扬的词语。这种两头赞扬、中间批评的方式，很像三明治这种中间夹馅的食品，故以此为名。

用这种方式处理问题，对方可能不会太难为情，减少了因被激怒而引起的冲突。这种方法在很多情况下也是比较有效

的。其优点就在于由批评者讲对方的长处，起到了替对方辩护的作用。

从心理学的角度来分析批评行为时，我们会发现，大多数人在听到批评时，总不像听到赞扬那样舒服。人在本能上对批评都有一种抵触心理，人们喜欢为自己的行为辩解，尤其是一个人在工作中已付出很大努力时，对批评会更为敏感，也更喜欢为自己辩解，以便使自己和他人都相信他是没有错误的。

从心理学角度看，这也是认知不协调的一种表现。即在认识上，人们确信自己是不可能不犯错误的，而在行为上却试图为每一次过失辩解。解决这种认知不协调的方法，就是批评者替对方进行辩解或创造条件使对方觉得无法辩解。

对方的能力、为人、工作的努力等方面，有很多可以肯定的地方，批评者如果视而不见，对方可能会觉得不公平，认为自己多方面的成绩或长期的努力没有得到应有的重视，而一次失误就被抓住，大概是对方专门和自己作对。而批评者首先赞扬对方，就是避免对方的误会，表明上级、同事对他所做工作的承认，使他知道批评是对具体事而不是对人的，自然也就放弃了用辩解来维护自尊心的做法。

有些领导者不喜欢这种方式，认为先赞美再批评，是一种软弱的表现，领导者应该是强者的形象。在日益强调人的作用时，这种批评方法完全以领导者自居，以严厉维护威信，更不足取。

从"三明治策略"的表达形式看，赞扬——批评——赞扬，也是符合人的心理适应能力的。人们希望别人的赞赏，赞扬就应该在他的心里留下比较深的印象。两头赞扬就能起到这种作用。当批评者在诚恳而客观的赞扬之后再进行批评时，人们会因为赞扬首因效应的作用，而觉得批评不那么刺耳。

但是，如果你需要比较透彻地分析他的错误时，赞扬的作用可能会被冲淡，批评又会产生比较强的近因效应，被批评者可能会产生一种被戏弄的感觉。注意观察一下就可以发现，所谓人缘好的领导者都比较喜欢"三明治"式的批评方法。当然，这是人们根据自己的经验自觉或不自掌地去做的，并非"进口"的技术。我们的政治思想工作和领导工作的传统，就是要求采取"同志式"的批评，要"治病救人"。

比较典型的"三明治"式，就是标准的三段论："小张，这份总结写得很好，看来你下了一番功夫，思路很清楚，里面有几点写得比较精彩。要说不足，我看是不是把这几处改一下，这种说法不太妥当，言辞过于尖锐会刺伤别人的积极性。好，就这样。好好干，小伙子挺聪明，文笔很好，希望再接再厉。"这样说，小张听后会觉得领导对自己充满期望，不足的地方点得很清楚，合情合理，他就会尽最大努力去改正不妥当的地方。

有时，人们也会把"三明治"变成"双色糕"让赞扬与批评交错出现，其目的也是维持听者的心理平衡。如果批评是三言两语便可结束，只需"三明治"即可，如果要分析，谈话时间较长，就应在大"三段论"中套上小"三段论"，时时谈起别人的优点，这样效果会好得多。

第 5 章

"让下属愿意追随你"的说话技巧

像教练一样对下属讲话，下属的进步最快

很多管理者很困惑，我在处处传帮带呀，为什么部下的效率却越来越差。需要管理者反省的是，你的示范是否已经演变成了事必躬亲，并且处处按照自己的操作过程来要求你的每一个下属。倘若如此，时间长了，什么事情你都干了，下属自然轻松地等着你来干。

洛杉矶湖人队前教练派特雷利在湖人队最低潮时，告诉球队的12名队员："今年我们只要每人比去年进步1%就好，有没有问题？"

球员们一听："才1%，太容易了！"于是，在罚球、抢篮板、助攻、拦截、防守5方面，每人都各进步了1%。结果，那一年湖人队获得了冠军，而且夺冠的过程很轻松。

派特雷利的聪明之处在于引导自己的成员和团队积极的进

步，而并非自己处处示范，这是一种可以应用在管理之中的教练技术。

1971年，美国加利福尼亚州中西部自由艺术学院的创始人之一添·高威在暑期开设了网球和滑雪训练课程。他除了亲自授课外还分别聘请了几名网球和滑雪教练来授课。当时，碰巧有名网球教练因故不能授课，而此时许多付费学员都在等待教练，添·高威于是决定临时调用一名滑雪教练来教打网球。

完全不会打网球的这位滑雪教练提出自己难以胜任，添·高威对滑雪教练说："你只要教他们把注意的焦点集中在网球上，千万不要给他们做示范动作。"滑雪教练依计行事。

一个月后，添·高威惊奇地发现滑雪教练教授的学员普遍比正式的网球教练所教授的学员进步快。添·高威于是对这个有趣的现象进行了一番深入的研究，他发现：传统的网球教练训练的主要方式是教练做示范动作，学员模仿动作，教练纠正学员的错误。很多学员把注意力都集中在自己的动作是否规范上了，而当球飞过来时手忙脚乱。

滑雪教练因不会打网球，所以无法做示范，只好要求学员把注意力集中在网球上，而对学员击球的动作没有特别的规定，同时对学员提出一些开放式的问题，诸如：你的身体如何调整才能接住飞来的网球呢？等。由于学员把注意力集中在网球上而不是自己的动作是否标准上，他们竟然自动对自己的动作进行了调整，接住了飞过来的网球。

事实上，当教练发现学员的错误并提出建议来纠正他的时候，学员的表现反而降低，假如他放松，脑海里有了优良表现的想象，身体有了感觉，那么他的表现就会改善。在没有意识到自己有问题的情况下不自觉地改正了错误。

后来，添·高威对外界宣称，他可以让一个完全不会打网球的人在20分钟内学会基本熟练地打球。

此事引起了美国ABC电视台的兴趣，他们决定派记者现场采访。添·高威找到一个体形很胖的，从未打过网球的女人。他让这个女人不必计较用什么姿势击球，只需把焦点放在网球上（这就是他所说的注意力集中法）。当网球从地面弹起时，先叫一起"打"，然后挥拍击打网球。添·高威解释说：我并没有教她打网球的技巧，我只是帮助她克服了自己不会打球的固有信念，她的心态经历了"不会"到"会"转变。就是这么简单！

这个过程在电视上播放之后，引起了AT&T高层管理者的兴趣。他们把添·高威请到公司来给高级经理们讲课。在授课过程中，经理们不停地在笔记本上记录着。下课后，添·高威发现他们的笔记本上找不到和网球有关的字眼，反而满篇都是企业管理的内容。原来，AT&T的管理者们已经将运动场上的教练方式转移到企业管理上来。于是，一种崭新的管理技术——教练技术诞生了。

此后，添·高威也从体育领域进入到管理领域而成了一位企业教练。据此，添·高威写了一本书《网球的内在竞赛》并很快成为炙手可热的畅销书。

内在竞赛是指学员内心的竞赛，它的对手是注意力不集中、紧张、自我怀疑及自责等障碍。简而言之，内在竞赛的目的是帮助学员克服导致表现欠佳的所有思维定式。

接着他又出版了一系列畅销书籍，其中提出了在不同领域改善个人及专业表现的一种新的方式，因此他被认为是世界上最早思考学习与教练的人之一。

目前，教练技术随着被AT&T、IBM、通用电器、苹果电脑、可口可乐、南加州大学、福特、日本丰田等巨型企业的导入，迅速风行欧美。

教练技术认为，大部分时候，最好的答案早已潜藏在当事人的心中，只是当局者迷，暂时没有发现而已。每个人解决问题的方法都来自于问题本身。教练是没有既定答案的，所做的是引导当事人了解自己的真实情况，从中发现属于自己的答案。应用教练技术的管理者应相信：若一个人有能力为自己制造问题，他也一定有能力解决问题。

当管理者停止教别人时，他就开始学习了；当一个人开始独立学习时，意味着生命开始真正的成长。正如添·高威所说："如果要当事人学得最多，教练就要教得最少。"

传统的管理技术，可以推动员工行为方法的改进与能力的提升，而教练技术会引发员工智慧的成长。这就像篮球教练成就了乔丹、高尔夫教练成就了老虎·伍兹一样，管理者可以培养出一个又一个比自己优秀得多的下属，而这真正诠释了管理的真谛。

关于教练式管理，杰克·韦尔奇说："我只想地做一名企业教练。""我想提醒你们我观念中的领导艺术是什么，它只跟人有关。没有最好的运动员你就不会有最好的球队，企业队伍也是如此——最好的领导人实际上是教练！""一个经理人要有一颗更开放的心，过去人们总是认为经理人理当比属下知道的多一些，这种老观念已经不合时宜了。未来的领导者是提出问题、加以讨论、然后解决它们。他们依赖的是互信而非控制，因此管理人要做的是真诚坦率的沟通，领导人要成为部属的教练而非牵绊者。"

既不责备也不吹捧，就能让下属欣然接受

在指导下属的最初阶段，可以采用两种方式：一种是正式的谈话，另一种则是在员工工作区召开的临时会议。开会时不

要隐瞒会议的目的，应开门见山地将问题的核心和盘托出。不要一开始就讲恭维话，那样会误导员工，使他们以为自己完美无缺。

下面的几种开头语可帮助切入正题：

（1）"我发现你的工作总是不能按时完成，半年来，你有好几次接受的任务都没有按时完成。比如你答应调查一下在公司的网址上加音乐的可行性，两个月已经过去了，仍没有结果，这是怎么回事？"

（2）"我发现你的报告经常交得很迟，希望我们能一起来解决一下这个问题。"

（3）"我发现几个月来你的销售水平一直没有上升，我想我们可以共同探讨一下走出低谷的办法。你的工作很不错，但我知道你能干得更出色。"

应该注意，这几种说法既没有责备也没有吹捧，对方会欣然接受的。

在指导的过程中，应保持友好和坦诚，合理运用PSA准则，即正面具体行为准则。

你的目标是改变而不是责备。不要只是告诉员工不应该做什么，而是该指导他们学会正面的行为。

在你给某种行为下了定义之后，你想尽可能具体地谈论它，那么就遵循以下两步：

第一步，告诉他为什么他的行为需要改变。在你看来，这一步也许是理所当然的。除了个别明显的情况之外，你需要清楚而具体地说出为什么这种行为需要改变。

第二步，提出一个能解决问题的方法。根据存在的问题、当前的状况，以及你与员工的关系等多种因素，用恰当的方式提出你的方法。

坚持正面具体行为准则能促使你在指导之前进行思考，这会使你成为一个更好的指导者。

在你想纠正某人的行为时，最聪明的一步就是问"否则就……"

不管员工有没有问你，你都需要清楚的说明后果，即"否则……"

首先，要具体。含含糊糊地说"表现不好就解雇"或者警告说"我们可能有一个大问题"不会有什么效果——除了让你徒劳无益。像"严重后果和严厉制裁"之类的夸张词也没什么效果——只会显得更虚夸。直接具体地说明可能发生的后果。

其次，不要用威胁的口气。你的目标是纠正错误行为，不是惩罚员工。确保你的口气和话语能表达出你的意思。

最后，不要说不会发生的后果。人们是不会去理会永远也不会发生的装腔作势的警告和惩罚。

作为指导者，你必须解决问题、训练员工、教导他们、做他们的顾问、并且纠正他们的行为。准备扮演好所有的角色，采取一种积极的、有目标的态度。不管你扮演的是什么角色，你最终的目标是一样的：帮助员工达到最佳的工作状态。

教练型的管理者平常应该经常以正确的方法指导员工。可供参考的方法有：

（1）利用部门内部会议安排指导时间

也就是说每一次开会的时候，都要有一定时间请员工发问，让他利用这段时间把想要提出的问题提出来。时间不需要太长，以便实现与员工的交流互动，对员工提出的问题进行指导。这样，员工与部门经理之间就有了比较固定的、规范性的互动时间表。

（2）日常工作中随时可以教导

在日常工作中，不论是出差，还是外出开会，随时都可以对下属进行指导。例如，你和客户进行价格谈判的时候，你的下属坐在你的旁边观察，谈判完成后，你就可以对下属进行指导，告诉他刚才的场景里，哪一点是需要注意的。这是一位非人力资源经理教导员工的常见的方法。

（3）抱着爱心、耐心来教导

在心态方面，员工在你手下工作. 你有责任照顾他，培育他，要以爱心来对待他。

此外还要有耐心。最难的就是耐心，因为工作一忙碌，就没有心情带这些员工了。但是，当你在对这些员工下指令的时候，你要想一下，他们也是在对你忍耐。将心比心，互相设身处地地去为对方着想，相互理解，就会有耐心了。

对下属说："你是最棒的，跑给他们看"

美国著名的田径教练丁克威是一个非常善于激励别人的人。

丁克威在南加州大学田径队任教练长达39年。期间他培养了21位国家级运动员，帮助球队赢得了全国冠军，运动队中有13名世界纪录保持者及数十位奥林匹克金牌得主。

他的秘诀在于善于鼓励人，发掘人的长处，强调人的动力，并不断地为他们充电。

有一年在太平洋地区的田径赛中，他带队参加4人接力赛决赛。队员们先前在个人比赛中都不幸败北，士气低落。他把4名队员召集在一起，决定对每一位加以真诚的鼓励。

他告诉第一位，他劲力够，一定会超过别队队员；第二名擅长障碍赛，因此在无障碍的接力赛中定能轻易超越；第三名曾是长跑选手，现在只跑1/4里程更能胜任；对第四名，他说："你是最棒的，跑给他们看。"

队员们奋力一试，果然夺得了冠军。

丁克威的成功在于他把握了激励的技巧，能恰到好处地激发出队员的潜能。在企业管理工作中也要经常激励员工，下面有些技巧可供参考：

1.给员工施加适当的压力

让下属时时感到工作上的压力不是坏事，这样可以促使他发挥潜能，挖掘出不为自己所知的潜力。施加压力的方法有多种，可以增加工作量，或者缩短工作时间，也可以交给他一项棘手的事情去办。

不管采取什么办法，对于下属施加的压力要适当，不可触发下属的逆反心理，超出他们的承受能力。

2.让下属具有挑战感

告诉下属这次工作的重要意义、最后收益以及如果失败将会给整个公司带来的损失等等，让下属们感到自己所从事的是一项很有意义的工作，而且责任重大，这样他们自然而然地对工作产生了兴趣，并会充满热情和干劲。

3.以人为本激发员工潜力

现代企业管理要以人为本，这包括以下各方面：

（1）人人参与企业管理。这既尊重了员工的主人翁地位，又充分发挥了每个人的能动性。为此，可以采取以下有效措施：a.开展员工献计献策活动；b.开展员工"值日生"制度；c. 民主评议企业工作和企业领导干部；d. 员工与老总直接对话，畅谈心声。

（2）为员工的创造性劳动提供条件。人都有表现自我，进行创造性劳动的愿望，愿望的实现，除本人的努力外，尚需领导者提供适当的舞台。每一个平凡的工作岗位都是一个可让人一展才华的舞台，但人们的素质、才能不尽相同，这就存在一个"安排是否合适"的问题。安排不当不仅压抑人才，而且贻误工作，使企业失掉了许多机会，人的才能与创造，是随着事业的发展而增长，需要不断地调整。

（3）赏罚分明。管理者采取有赏有罚的办法，激发员工的工作积极性，避免消极怠工现象的发生，"赏"成为现代企业管理中必不可少的部分，一是对工作有干劲者要赏，以鼓励其干劲；二是对做事正直者要赏，以鼓励其正气；三是对企业忠诚者要赏，以鼓励其忠心；凡此种种，要赏在明处，树立榜样，这才能达到奖赏的目的。所以，善于奖赏的管理者，才是善于管理企业的领导者。

（4）不断提高员工的素质，就是对人才资源的管理。松下幸之助说，在制造产品之前，首先造就人才。因为育才是企业成功的重要因素。

没有规矩不成方圆，没有管理永无威严，管理管的是人心，鼓的是干劲，管理的钥匙在于开人心的这把锁，鼓团队这个帆，长自己的人气，灭对手的威风，围绕人心展开的管理，能使一切井井有条，事半功倍。

"你对了！"是世界上最简单的激励法则

"詹森，上回我们办的那次展览很成功，对吧？"

"是的，来参观的人数比预期多了一倍。可是为什么我们的主管对此只字不提呢？我也觉得奇怪。虽然他一向对工作要求很高，可是我们做得很出色，无论如何他总应该有所表示才对。"

"你对了"可以算是世界上最简单的激励法则了，但是生活中仍有许多管理者拙于说这三个极其简单的字，例如上面两位员工口中的主管，你是不是就是这样一个主管呢？如果是，那么你就需要尽快行动，采取补救措施。为什么呢？原因很简单。如果你的下属出色地完成了工作，而作为主管的你却从来不注意，他们很快就觉得没有必要如此努力。更为重要的是，你的下属开始认为你揽走了他们的全部功劳。他们可能会想："我的主管对我上次的出色表现只字未提，他怎么可能会向他的上司反映我的成绩呢？"

位于华盛顿的一家旅馆的经理就深谙"你对了"的法则。

下面就是发生在这家旅馆的一件事。

资深经理人霍姆得来到了位于华盛顿的这家旅馆。他直接走向柜台。在他办理登记时，服务员对他说："对我们来说，顾客是非常重要的。我不知道您是否可以在停留期间帮我们一个忙？"

霍姆得说："当然。要我做什么？"

"我们希望您把这本赞美券带在身边。每当您认为我们的服务令您满意时，请您撕下一张赞美券，在背后写下令您满意的服务事项和服务人员的姓名，然后把它送到经理的办公室。"霍姆得微笑着说："如此一来，所有的顾客都在挑出你们做对的事。"

服务员微笑着说："祝您今晚过得愉快。"

吃过晚饭，霍姆得直接回房休息。他对旅馆所有员工的良好服务态度感到惊讶。他已经用掉了三张赞美券，一张给巡房员，一张给了女侍，另一张则给了领班。"挑出员工做对的事"已经使他对这家旅馆深有好感；赞美券的设置，使得他这位顾客觉得自己的责任不是抱怨而是赞美了。

第二天早上，霍姆得收拾行李下楼吃早餐，然后到柜台退房结账。在他离开旅馆时，想顺便把赞美券投入旅馆经理的办公室中，经理刚好也在那里。

于是，他把赞美券交给经理，同时说道："我想你的赞美制度确实是一个好构想。那么这个制度是否已经产生实际的成效了呢？"

旅馆经理回答说："虽然我们的赞美制度实施不到五个月，但是员工缺勤率和人事流动率已经显著下降。我们的员工现在恨不得提早来上班，他们急于知道他们做对的事情是否被挑出来了。而且，我们对获得赞美券的员工并不给予任何金钱报酬，只是拍拍他们的肩膀，赞美他们事情做得很好而已。"

霍姆得好奇地问："你是否认为这个制度也会改变顾客的态度呢？"

旅馆经理答道："一定会的！顾客给我们打的分数已经有了显著的提高。我们要求顾客就价值、成本、外观、服务、亲切等项目，给我们评定ABCDE五个等级。在实施赞美制度之后，填评分表的顾客有90%把我们评为A或B；更重要的是，现在评分表的回收率大约是以前的三倍。"

霍姆得说："这么说来，赞美制度对你、对顾客以及对员工都有莫大的收益了。"

旅馆经理说道："是的，这是一种报酬极佳的投资，值得去做。"

霍姆得在和旅馆经理握手道别时笑着说："在你们这里住上一夜同样让我获益良多。"

不仅仅在旅馆的管理上，"你对了"的法则威力无穷，对于其他任何类型的公司，这一法则都会带来很多好处。

伟大的心理学家詹姆斯说："人性中最深层的本质便是渴望得到别人的欣赏。"《圣经》也告诉我们："你们总要彼此鼓励，彼此建造。"勒贝武夫在其著作《世上最重要的管理原理》中告诉我们，每个人真正想从工作中获得的，就是肯定和奖励。所以，世上最重要的管理原则就是"能得到奖励就做得好"。而欣赏是对一个人最重要的奖励。

《奖励员工的1001种做法》的作者尼尔森也曾谈到欣赏：

每个人都希望得到别人的欣赏。可是如今有多少经理人，把"欣赏别人"当成是他们的工作之一呢？这应该是他们的一大职责。当今时代对员工的要求比以前多，协助他们的资源和支持却比以前少。预算很紧，薪水冻结；经理人太忙，距下属太远，未注意到下属做了超量的工作，更别提感谢下属了。科技以面对电脑终端机，取代了人与人（下属和主管）面对面的沟通。这些科技却出现在一般人希望从生活中寻找更多意义——特别是工作意义的时代。

这种情况中的一大难题就是，最能激励人心的事却没有多少人去做（其实只需要一点时间和一些体贴的心思，就可以着手了）。在葛拉翰博士最近针对1500名员工进行的一项研究中发现，67项促使员工努力工作的动力中，排名第一的是主管对下属的亲自嘉许，排名第二的是主管亲自写的嘉许短笺。所以，你若是能够多给员工嘉许，他们会以千万种方法回报。

　　甚至对最平常的小事也应注意并且及时赞赏。聪明的领导者应当这样做，而且不应只表扬一次就完事大吉。如果有人工作干得不错，就不断地表扬，因为大多数人渴求称赞的心理是永不满足的。

　　接电话是一项很简单的工作，可是长期地保持礼貌和内心却难能可贵。如果你的哪一位下属做到了这一点，你是否也应该有所表示呢？

　　表扬要具体及时。"克尔，你这项工作做得很出色，他们对你提前一周完成任务感到不可思议。你的工作表现使我感到荣幸，我很欣赏。"瞧，就是这样一些具体的表扬，便可使你的下属们受到极大的鼓舞。

　　不要等到正式认可下来后才惜言如金地给予赞赏。留意出色的表现，在部门内当场就给予肯定。在大家喝咖啡的时间，来一句简单的总结语："嗨，我想大家可以庆祝一下刚完成的工作。"一句话，就可收到意想不到的效果。

　　我想没有比这更简单的话，也没有比这更容易做到的了。如果你是管理者，请你面对员工值得称赞的地方不仅要用眼睛去发现，更要用你的心去发现，并用你的嘴把它说出来，让你的员工用他们的耳朵接收到你对他们的称赞，并从心里接受，继而化做双手的行动。

说"荣誉是大家的"能让你的团队成就你

21世纪什么词最火？团队。过去我们叫"组织"，现在时髦叫"团队"，本质上都一样，就是大伙团结起来靠合力做事情。一个巴掌拍不响，一棵树站不成大森林，谁想做点事都得靠大伙的帮助。这个道理职场人想必都明白，问题在于，事成之后的功劳怎么算？活儿是大家干的，功劳你一个人独吞，那你真是没前途了。聪明人要经常挂在嘴边的一句话是："荣誉是大家的，功劳是大家的。"

理论上说，"合作"是个充满温情的词汇，它背后总是跟着和平、胜利、平等、富足。可是事实告诉我们，这种乌托邦永远不可能实现，几万人造反，最后当皇帝的只能是一个人，那怎么办？封赏。那些大臣们看中的真的是皇帝给的几亩地和金银细软吗？不对。他要的是个"名分"，一个什么什么"侯"，一个什么什么"王"，代表着荣誉和尊严，一件黄马褂换不成金子，人们却都把它看得比金子还贵重，原因也是"面子问题"。

所以，但凡手底下有几个人的聪明人，都要把这句话挂在嘴边。上级领导来视察工作了，夸奖工作开展得好了，任务完成得漂亮了，你要当着大家的面，大声说："是领导栽培得好啊。功劳是大家的。"关键时刻轮不到你邀功——除非你不想继续混了。

　　什么是同事？顾名思义，就是一起做事的人。人之所以成为同事，就是为了完成共同的事，假如事情完成得不好，那叫事故；事情完成得好，那就成了事业。可见，同事对一个人是多么重要。对大部分现代人来说，世界上最好的合作者是一个好同事，比一个好同事更好的合作者是有一群好同事。

　　毫不夸张地说，遇到一个好同事比娶个好太太更重要。很多伟大人物婚姻并不美满，但他们无一例外都有好同事。刘备可以没有孙夫人，但若没有诸葛亮，想三分天下无异于白日做梦；约克在曼联威风得不行，因为他身后有贝克汉姆、吉格斯的强大火力支持，还是这个约克，一回到特立尼达和多巴哥国家队就碌碌无为，没别的，就是因为孤掌难鸣。所谓"三个臭皮匠，顶个诸葛亮"。优秀的同事就像撑杆，让你跃过不可能的高度；就像3D加速卡，让你事业的画面更加生动流畅。

　　因此，同事的帮助绝不是可有可无的。一个篱笆三个桩，一个好汉三个帮，良好的同事关系是你的事业不可缺少的根据地。经营不好根据地，向外发展纯粹是奢谈。很难想象一个在同事中间孤立无援的人，能够把工作做得出色，得人心者得天下，得同事者得事业。

　　而当自己所在部门取得了成绩，公司论功行赏之际，也不要过分为自己评功争好，更不要因此而与上司、同事发生争执或其他不愉快的事，要低调、礼让。

2008年5月，许沫应聘到汉口某医药公司做企划。他虽初来乍到，但因策划经验丰富，很受总经理赏识，所以薪水定得较高，这让策划部主管李祥心有不甘。工作中，李祥总是有意刁难许沫，并将本该自己做的工作丢给他："许沫，这个策划案你先做一下。"因此，许沫案头的工作总是部门里最多的。对许沫做好的策划方案，李祥稍做修改后便交到总经理那里，并单署自己的名字。

由许沫代做的好几个策划，都受到了总经理的好评。看着李祥得意的样子，不少以前妒忌许沫薪水过高的同事，也开始为他打抱不平了："你也太老实了，他明摆着是在抢你的功！"许沫只是笑笑："也许他是在考验我呢？这也是一种锻炼嘛。"几个月下来，许沫的低调作风反为他赢得了好人缘。

不久，李祥正在斟酌许沫的策划案，总经理到策划部视察工作，李祥便说："他做的策划有些地方不行，我帮他看看。"总经理翻看了一下，说："我觉得很不错，要不你交一份更好的给我？"说完一脸严肃地走开了。

随后，许沫就取代李祥升任了策划部主管，总经理告诉他："你们的策划风格我很了解。我早就看出李祥的不少策划案是你原创的，但你低调处世的态度，我很欣赏。"

许沫的身上充分体现了以宽容、礼让为核心的3C精神。所谓3C，指的是Courtesy，Caring，Charming，意思是以礼相待，以诚待人，以德服人，职场上这三者缺一不可。同事之间，如果能够做到礼貌与关爱，真诚地关心尊重他人，你相应的也会得到他人的尊重与谅解。

每个聪明人都希望往上爬，问题在于你不能踩着别人的肩膀往上爬。你和团队的关系势必是"水涨船高"，借助团队的力量把自己托起来。如果你故意踩扁别人抬高自己，是很危险的。松下幸之助总结自己的经营理念时说："当员工只有一百人时，要站在员工的最前面，用命令来指挥工作；员工增加到一千人时，就必须站到员工中间，诚恳地请求大家相助；当员工达到一万人时，只要站在员工的后面，心存感激即可；如果员工达到五万或十万时，除了感激还不够，必须双手合十，以拜佛的虔诚之心来领导他们。"

你看，老前辈都说了，团队越大，自己越要往后站，最闪亮的位置要放上一张"集体荣誉奖状"，这样才能保证你下次还能参加集体活动。

狼群最伟大的品质就是它们的团队精神，我们几乎可以将狼群的行动看成是"合作"的隐喻。聪明人就是要奉行这种"自然偶像"的办事信念，时刻不忘自己是团队里的一员。善待团队，团队就可以成就你、保护你；亏待团队，团队就会抛弃你、毁灭你。

描述你的愿景，让下属了解并追随

不管在哪一类型的团队，领导者都有着许多有趣而又令人振奋的战略和很好的想法。许多领导都有自己重要而又很有意义的目标，但是，如果无法和下属进行有效的沟通，这些目标就很难实现。

在管理上，成功的领导者需要有一定的表达能力，要能将所从事的事业描述成让人无法不相信的美好愿景——这种愿景能激发出人们的热情和奉献精神。通过集中精力搞好信息交流，可使领导者的意图得到准确地表述和传达，可见，让下属了解你的战略是一件很重要的事。

1.坚定地说出你的观点

作为领导，必须要坚持己见。坚持己见不同于盛气凌人，它是指维护自己的立场和观点，而不是靠争斗来解决问题。坚持己见的人会通过与人们进行诚实、公正、非对抗性的交流来表达自己的需要。在阐明自己的观点时，不要把与主题无关的旁枝末节混合在一起。如果谈话的局面暂时失控，你可以说："我理解你的感受，但是我觉得应该首先解决问题"，从而回到原来的话题上去。

坚定地说出自己的观点，但也不要忽视对方的观点中有价值的因素。做好倾听以及尊重其他见解的准备，乐于对任何有道理的观点表示赞同，但对那些仍然令你无法接受的观点要坚持己见。如果你们不能达成一致，就需要采取折中的办法，你可以说："我们还是保留各自的意见吧"，然后继续进行自己的工作。同时，你需要尽最大可能避免再次与此人合作或者避开此事。

2.向关键的下属征求意见

在你做出最后决策之前，最好要向你的下属征求一下意见，听听他们的看法。你在听取了他们的意见之后，征求意见的阶段就宣告结束，这时你就可宣布你的最后想法，从那时起，你就有权利期望你的下属全力支援并竭诚执行你的决定和服从你的命令。

3.知道宣布你的想法的适当时机

选择适当的时机宣布你的决定是非常重要的。你一定要让归你领导的领导者有充分的精神准备和时间安排，不能让他们措手不及，那样他们就会没有足够的时间去制定他们自己的计划，让他们来贯彻你的想法。

最主要的一点是，不要对你的下属的下属宣布你的计划和命令，这样会使你的下属为难和被动。至于他们向自己的下属说什么，那是他们的事，你不可越俎代庖。

4.鼓励下属以变应变

什么形势都不可能是一成不变的，错误随时都可能犯，意外事件随时都可能发生，鼓励你的下属对当前的形势做出自己的评价，当出现错误或者有什么意外事件发生时，要及时重新制定适应新情况的计划。

5.要让下属充分了解全局

当你做出了正确而及时的决策以后，你一定要保证做到该知道的人都知道你的想法的内容。如果你做不到这一点，就难免出大错，届时责任应该由谁来负呢？而问题又岂止是该由谁来负责这样简单呢！由于缺乏沟通而造成的错误往往比故意不服从造成的错误还要严重，只有让下属了解全局，才能很好地贯彻你的想法。

6.要重视你的意图的长远影响

仅仅考虑你的想法会有什么眼前利益和作用是不够的，你必须能够预见它将有什么长远的作用和影响。你要记住，当你的下属开始贯彻你的想法的时候，事态就会发生连锁反应。

做好日常沟通，会有意想不到的效果

松下幸之助有一个习惯，就是爱给员工写信述说所见所感。

有一天，松下正在美国出差，按照他的习惯，不管到哪个国家都要尽量在日本餐馆就餐。因为，他一看到穿和服的服务员，听到日本音乐，就是一种享受。这次他也毫无例外地去日本餐馆就餐。当他端起饭碗吃第一口饭的时候，大吃一惊，出了一身冷汗。因为，他居然吃到了在日本都没吃到过的好米饭。

松下想，日本是吃米、产米的国家，美国是吃面包的国家，居然美国产的米比日本的还要好！此时他立刻想到：也许美国电视机现在已经超过我们，而我们还不知道，这是多么可怕的事情啊！松下在信末告诫全体员工："员工们，我们可要警惕啊！"

以上只是松下每月写给员工一封信中的一个内容，这种信通常是随工资袋一起发到员工手里的。员工们都习惯了，拿到工资袋不是先数钱，而是先看松下说了些什么。员工往往还把每月的这封信拿回家，念给家人听。在生动感人之处，员工的家人都不禁掉下泪来。

松下几十年如一日地每月给员工写信，而且专写这一个月自己周围的事和自己的感想。这也是《松下全集》的内容。松下就是用这种方式与员工沟通的。员工对记者说："我们一年也许只和松下见一两次面，但总觉得，他就在我们中间。"

有一天，松下让他的助手带着所有百货商店的名片和他一起出去转一转，松下每到一个商店都要对上至老板，下至售货员表示谢意，并听取对方对产品的意见，并递上名片说："我是松下，请多关照。我们渴望听到您的意见。"人们知道他是松下后，无不感动。这样做起到了很好的沟通作用。

下篇

怎样管，员工才肯干

第6章
"让下属全力以赴"的管理技巧

"纪律森严，令出必行"能让下属全力以赴

《左传》记载：孙武去见吴王阖闾，与他谈论带兵打仗之事，说得头头是道。吴王心想：纸上谈兵管什么用，让我来考考他。便出了个难题，让孙武替他训练姬妃宫女。孙武挑选了一百个宫女，让吴王的两个宠姬担任队长。

孙武将列队训练的要领讲得清清楚楚，但正式喊口令时，这些女人笑作一堆，乱作一团，谁也不听他的。孙武再次讲解了要领，并要两个队长以身作则。但他一喊口令，宫女们还是满不在乎，两个当队长的宠姬更是笑弯了腰。孙武严厉地说道："这里是演武场，不是王宫；你们现在是军人，不是宫女；我的口令就是军令，不是玩笑。你们不按口令操练，两个队长带头不听指挥，这就是公然违反军法，理当斩首！"说完，便叫武士将两个宠姬杀了。

场上顿时肃静，宫女们吓得谁也不敢出声，当孙武再喊口令时，她们步调整齐，动作划一，真正成了训练有素的军人。孙武派人请吴王来检阅，吴王正为失去两个宠姬而惋惜，没有心思来看宫女操练，只是派人告诉孙武："先生的带兵之道我已领教，由你指挥的军队一定纪律严明，能打胜仗。"孙武没有说什么废话，而是从立信出发，换得了军纪森严、令出必行的效果。

慈不掌兵，领导就应该坚持正确的原则。虽然推行的结果可能是得罪一些高层人士，导致自己的职位不保，但如果你的政策推行不下去，那你的前途同样渺茫。

你想要什么，就该奖励别人做什么

许多人都看过马戏团的表演，其中有许多有趣的节目。有个传统节目叫"小狗做算术"。每次当教练员举起一个有数字的牌子时，小狗就能准确地叫出几声。这时，教练员就会从口袋中掏出一粒糖塞到小狗嘴里，以示赞赏和鼓励，小狗也高兴地摇摇尾巴。下一次教练员再让它算时，也总能答对。同样，另一个马戏表演——大狗熊骑自行车也是这样。每骑一段教练就往它嘴里塞两粒糖。有一次教练员的糖不够了，只往它嘴里塞了一粒。那只大狗熊马上从自行车上下来，一屁股坐在地板上不起来了，急得教练员毫无办法。上面的两个例子说明：动物，也包括人类自己，有一种天性就是会去做受到奖励的事情。而这正是我们所要论述的最重要的管理原则。

美国有一个叫米契尔·拉伯福的从车间里成长起来的管理专家。在长期的管理实践中，他一直为一种现象感到困惑。那就是许多企业不知出了什么毛病，无论领导者如何使出"浑身解数"，企业的效率还是无法提高很多；下属还是无精打采；整个企业就像一台生锈的机器，运转起来特别费劲。他向管理大师们讨教，可是还是一头雾水，不明所以。最后有人告诉他，最伟大的真理往往最简单，不妨从企业管理最基本的方面去考虑问题，你会发现答案的。就这样，米契尔·拉伯福回过头，反复思索自己的管理实践，最后终于悟出了一条最简单、最明白，同时也是最伟大的管理原则。

拉伯福认为，当今许多企业之所以无效率、无生气，归根到底是由于它们的下属考核体系、奖罚制度出了问题。"对今天的企业而言，其成功的最大障碍，就是我们所要的行为和我们所奖励的行为之间有一大段距离。"

拉伯福说，他所辛辛苦苦发现得来的这条世界上最伟大的管理原则就是："人们会去做受到奖励的事情。"

大哉斯言！至哉斯理！管理的精髓确实就是这样一条最简

单明白不过却往往被人遗忘的道理：你想要什么，就该奖励别人做什么。作为公司（团队）的领导者，需要通过部属的进取精神去完成预期目标。但是，如果没有对下属的奖励，下属的士气就无法振作起来，更谈不上完成工作目标了。同样，领导者需要建立合理的奖励机制来营造一种积极的团队文化，以强化下属的动机，促使其更积极有效地工作。

研究人员通过衡量各种奖励的重要性，发现最有价值的奖励是工资，随后是提升、个人的发展和作为某群体成员的成就感。价值最低的奖励是好感与尊敬、安全和表扬。换句话说，工资、有出人头地的机会和满足内心的需要，对下属的激励最为强烈，而需要安抚和安全感的激励较弱。激励因素价值的大小根据下属人文特征的不同而不同，年龄较大任期较长的下属和那些家庭人口多的人对金钱奖励最为重视；未婚的或家庭人口少的和通常受到较多正式教育的年轻人认为较高层次的奖励（表扬、好感与尊重、成就感）更有价值。

一般来讲，对于有下列表现之一的职工，应当给予奖励：

在完成生产任务或者工作任务、提高产品质量或者服务质量，节约财资和能源等，做出成绩的；

在生产、科学研究、工艺设计、产品设计、改善劳动条件等，有发明、技术改进或者提出合理化建议，取得成功或者显著成绩的；

在改进企业经营管理，提高经济效益做出显著成绩，对企业贡献较大的；

保护公共财产，防止或者挽救事故有功，使企业和人们利益免受损失的；

长期遵守纪律，有带动性作用的；

一贯忠于职守，积极负责，廉洁奉公，克己为人，事迹突出的；

其他应当给予奖励的。

精神激励能起意想不到的效果

美国IBM公司副总裁巴克·罗杰斯曾经对给予下属表扬、光荣称号、象征荣誉这样一些精神激励以极大的肯定。他在《IBM道路》一书中曾写道："几乎任何一件可以提高自尊心的事情都会起积极作用。我并不是说光凭赞美、头衔和一纸证书就会使一个付不起账单的人满足，不是这样。但是，这些做法在物质奖励的基础上是对做出贡献的人的一个很好的、公正的评价。"

赞扬下属是一种不花或较少花费成本的激励方法，如果用得妙，则会产生意想不到的效果。

小王是某公司的青年骨干，就在他结婚那天，公司的领导都来了。婚礼会场简直就像是公司的一个喜庆集会。总经理代表公司全体同仁对两位新人说道："青年是我们公司的希望，公司为这样的下属感到骄傲，祝福你们！公司的美好未来就寄托在你们身上。祝你们幸福美满，白头偕老！"听了总经理的一席话，使在场的每一位同事都和这对新人一样，心里热乎乎的。

某公司人事主管在一次偶然的机会和一名下属下了一盘棋，发现他棋下得不错。等比赛结束，这位主管找机会和他谈话，说："你的棋下得不错，有股敢于拼杀的劲头。不知你怎么看自己的？听说你工作干得也不错，你真的很棒！"得到主管的肯定，这位下属的自信心更强了。一年以后，他以优异的工作成绩得到了提升。

在非正式场合表扬下属，可以缩短彼此的距离，更易于表达感情和看法，有着许多正式场合表扬所不具备的好处。它不但能激励人、鼓舞人，而且能以积极的暗示点拨人。但要注意，在采用表扬奖励方法时要特别关注在场人员的心理变化，千万不要给人留下相反的暗示印象。

除了在非正式场合表扬下属，奖励旅游同样可以让优秀下属心中甜蜜蜜，以后甘心继续为公司卖命。就算是选择在很近的东南亚举办奖励旅游，只要有创意和用心，不必花太多的钱，也可让下属感动。台湾地区的雄狮旅游公司曾替花旗银行在新加坡办了一场很成功的旅游活动。节目主持人让接受表彰的下属在台上讲出最想感谢的人。结果，这些人要感谢的妈妈、爸爸、太太竟然就出现在他们面前，与他们一同分享得奖的荣誉。

原来，主办单位请这些得奖者的亲人当天另外秘密搭机到达。"昨晚刚通过国际电话的亲人，竟出现眼前"，台上的主角感动得喜极而泣。

主动放弃惩罚，是一剂管理上的毒药

追求快乐、逃避痛苦是出乎于人的一种本能。鉴于此，管理制度的设计也分别引入了奖励和惩罚两种手段。奖励是一种激励性力量，惩罚是一种约束性力量，在奖励和惩罚之间的地带，是领导者纵情驰骋的空间。但是，在近来人性化管理大行其道的影响下，很多领导者十分重视运用奖励制度，冷落了惩罚制度。具体表现在相对于奖励制度，惩罚制度的数量、方式和力度都有减少，甚至有的惩罚制度竟变成了一纸空文，根本得不到执行。这种主动放弃惩罚的做法，无疑是一剂管理上的毒药，日积月累后，其危害不容小视。

　　某保险公司，在年终时距离完成年度任务指标还有不小的差距。为了完成任务，总经理下令，不但给一线的业务员施加压力，而且要求所有的内勤人员在做好本职工作的同时，每个人都要承担一定的业务指标，并且规定了每个人必须完成的指标下限。为保证任务的落实，总经理还制定了奖惩措施，对超额完成任务的人员视额度予以丰厚的奖励，对不能完成任务下限的下属，则要给予惩罚。最后，该公司"冲刺"成功，如期完成了任务。从整个情况来看，部分有能力的下属超额完成了任务，有的业绩还很不错。而很大一部分下属则在压力下仅仅完成了任务下限。还有一部分下属，由于种种原因，没能完成任务。少数几个下属甚至根本就没有采取任何行动，他们的业绩是"白板"。

　　总经理知道，如果不兑现奖励，一定会招致下属不满，虽然这一次例外奖励的支出，大大增加了公司的运营成本，但他还是论功行赏，按照事先制定的标准一一兑现了奖励。至于那些没完成任务的下属，总经理认为这毕竟不是大多数人，况且现在公司的总体目标已经完成了，从与人为善的角度出发，没有必要和下属过不去了，事先制定的惩罚措施就这样不了了之了。

　　这位总经理不想跟下属过不去，他的一部分下属却跟他过不去了。在这个案例中，超额完成任务而得到奖励的下属和未完成任务却逃过惩罚的下属都很高兴。但是大部分正好完成任务指标的下属却不高兴了。他们在公司高压政策之下，付出很多努力，克服很多困难才勉强完成了任务。但是他们的回报竟然和那些不思进取、偷奸耍滑者并无二致。许多人虽然不敢明着去向总经理提意见，却暗自做了决定，今后再有同类事情，一定要向这些未完成任务的同事学习。蒙在鼓里的总经理不知道，由于他的一个所谓"人性化"管理的失误，使在他的公司中惩罚措施作为一种约束性力量已经在无形中失效了。而且，这种影响作为一种强烈的信号，即不完成任务者不受惩罚，将会在很长的一段时间内对组织产生负面作用。

事实上，这与领导者的奖惩观有关。许多领导者把奖励当成惩罚的对立面。上述案例中的总经理也是如此。在他的心目中，对未完成任务者不施加处罚，等同于不奖励。其实不然，奖励的反义词不是惩罚，而是不奖励。同样，惩罚的反义词是不惩罚。奖惩制度的层级应该是这样的：惩罚、不惩罚、不奖励、奖励。换句话说，奖励和惩罚都是相对的，该奖励时不奖励，就相当于惩罚，即隐性惩罚，而该惩罚时不惩罚就相当于奖励，即隐性奖励。领导者一般能看到显性的奖励和惩罚，却看不到隐性的奖励和惩罚。上面这个案例中的总经理正是在无形中"奖励"了偷懒耍滑的下属，从而引起了努力工作的下属的不满。

较多地采用激励性的奖励手段来管理，当然符合人性，这是无可厚非的。但是，这不应该以减少或弱化使用约束性的惩罚手段为前提。两者并不矛盾，而是相辅相成的。领导者只有正确地理清自己的奖惩观，才能在奖惩之际游刃有余，建立合理的奖惩制度，做到赏罚分明是人事管理的主要内容。

奖功须罚过，奖勤须罚懒，奖能须罚庸

惩罚是一件非常严肃的事情，领导者在对一个下属做出惩罚决定之前，必须以负责的态度，弄清错误事实、原因、结果甚至每一个细节，然后再根据有无犯错误的动机，错误带来的后果，改正错误的态度等客观情况，决定惩罚的方式。领导者绝不能道听途说，捕风捉影；也不能偏听个别人的反映，或攻其一点，不及其余。

惩罚又称惩处或处罚，通常包括行政纪律处分和经济手段处罚。惩罚和奖励一样，也是激励的一种方法，其目的是为了限制、制止或纠正某些不正确的行为。奖功必须罚过，奖勤必须罚懒，奖能必须罚庸。只奖不罚，就不能激浊扬清，儆恶扬善，也就不能达到是非分明，功过两清，调动积极性的目的。与奖励相比，惩罚是一种更难运用的领导艺术，掌握得好，会起到与表扬同等，甚至更大的作用；掌握得不好，也可能会伤

害人的感情，影响下属的积极性。那么，领导者应注意惩罚要准确无误，惩罚要公正合理，惩罚要从关心爱护出发，惩罚要以少为宜，惩罚要及时，首次惩罚要慎重。

所谓公正，就是要体现人人平等的原则，做出同等贡献的要受到同等的奖励，犯了同样错误的也应该受到同样的惩罚。这就是说，领导者对下属要一视同仁，纪律面前，人人平等。古人讲："王子犯法，与庶民同罪。"三国时期的诸葛亮总结了实施惩罚的三条原则：一曰严，二曰平，三曰劝戒明。这三点是衡量惩罚是否得当的标准。而"平"则是这三点的核心。平与不平主要是看领导者对自己的亲属、亲信以及亲近的人持什么态度。古代一些精明的领导者深明此理，罚不避亲，争得了民心。作为现代领导者更应该有公而忘私的觉悟和罚不避亲的胸怀。如果不分是非，因人而异，一味庇护自己的人，领导者就会威信扫地。所谓合理，就是要在惩之有据的前提下做到罚之有度。根据犯错误的情节和后果，该批评的批评，该处理的处理。一般来说，只要错误不太严重，就不宜给重处罚。特别对下属在独立探索中出现的失误或失败，能不惩罚的就不惩罚，更多的是要给予热情鼓励和具体帮助。

惩罚的人或事宜少些。只有在必须实行惩罚时，才进行惩罚。如果惩罚司空见惯，大家就会不以为然了。俗话说："虱子多了不咬，债多了不愁。"比如一个人受了几个处分，他就会索性豁出去了。在一个单位，当某种不良倾向已经成为一种普遍现象，惩罚尤其应当慎重，可先处理"重点人"，处分的人太多，大家的压力感就小了，有时还会使受处罚的人纠集在一起，不利于对他们的批评教育。因此，可处罚可不处罚的，一般就不给处罚，可轻可重的，一般的要从轻处罚。

领导者不是为了惩罚而惩罚，惩罚的目的是为了教育人，帮助人。因此，一定要从关心爱护的角度出发，坚持"惩前毖后，治病救人"的方针，达到既弄清思想又团结同志的目的。领导者实施惩罚，要力戒居高临下、盛气凌人的态势，而应与人为善，晓之以理，动之以情，并多作一些"移情式理解"，即以心比心，设身处地地替受惩罚者想一想。只有这样，惩罚对象才能感到心服口服，受惩而无怨，惩罚的目的才能达到。

惩罚及时就是说，一旦发现有违法乱纪者应当立即处罚，毫不含糊。这样，能收到立竿见影之效，能使违法之人和未违法之人立刻看到，不遵纪守法的害处和损失，起到警戒的作用。否则，松松垮垮，时过境迁，就难以奏效。

首次惩罚讲的是一个人在一个单位所受到的第一次批评、处分等。首次惩罚作为第一印象对下属今后的情绪、工作都会有较大影响。一般来说，首次惩罚要个别进行，不宜公开点名；只要错误不太严重，处分要轻不要重；语言要温和，不要尖刻。

正确处理教与罚的关系，必须教重于罚

惩罚一般分为批评、纪律处分、经济处罚和法律制裁四种方式。无论采用哪一种方式，实施中都要讲究方法和艺术。

正确处理教与罚的关系，要教重于罚。惩罚不是目的，是为了更好地教育下属和调动其积极性。因此，要以防为主，防惩结合，教惩结合，不能为惩处而惩处。要从教育人、挽救人、调动人的积极性的目的出发，把教育与惩罚紧密结合起来。一定要坚持思想教育在先，惩罚在后；要坚持以思想教育为主，以惩罚为辅。实施惩罚时，要"重重举起，轻轻打下"，平时教育从严，处罚从宽，思想批判从严，组织处理从宽，重教轻罚。领导者在惩罚前，如果不预告警示，势必使下属产生无过受罚之感，弄得人心惶惶，进而离心离德。所以，领导者要先教后罚，多教少罚，这样不仅能使犯错误的人减少，而且还能使下属心服口服。

正确处理法与罚的关系，要罚前有法。奖赏是以功绩为依据的，惩罚是以过失为依据的。法律是人们的行为界定的规则，是维护人们正常生活、工作等秩序的手段，也是判定人们过失大小的依据。因而，有法尔后才有惩罚。没有法令惩罚就没有标准，也就没有真正的惩罚。所以，领导者在实施惩罚前，必须首先制定有关法律，让下属有明确的行动准则和禁界，以自觉维护正常的工作秩序。然后，方能对违犯者依法惩处。否则，就不足以儆众、服众，难以达到惩罚的目的。

正确处理宽与严的关系，要宽严适度。领导者对待犯错误的下属，要像医生对待病人一样宽严相济，根据病情，找出病因，说明其危害程度和严重性。作为一个领导者，要严格掌握惩罚的度。在实际工作中，对违纪者一定要具体分析其错误的性质和情节，区别是偶然还是一贯，考察其一贯表现及认错态度，全面地、历史地具体分析有关问题。根据错误的大小、性质及危害程度，区别对待，需经济惩罚的则经济惩罚，该政治处分的要政治处分，对确实做出了各种努力真心实意想把工作做好，但由于种种原因致使工作有些失误的，要从宽对待。总而言之，一味地过宽或过严，过轻或过重，都会削弱惩罚的效果。过宽，不足以制止不良行为；过严，会造成逆反心理，不仅起不到惩罚的作用，反而会适得其反。领导者对人对事，该宽该严，都不能从自己的主观好恶出发，更不能感情用事。应做到"当赏者，虽仇怨必录；当罚者，虽父子不舍"。领导者只有铁面无私，从实际出发，宽严公道，才能有效调动下属的积极性。

正确处理罚与理的关系，要罚后明理。惩罚兑现之后，不论是行政纪律处分，还是经济处罚手段，都代替不了必要的思想政治工作。有的领导者对下属的不良行为，动不动就以处分、罚款、扣奖金了事，以罚代教，结果造成不良影响，有些地方还造成了领导者同群众的对立情绪。必要的处罚做出以后，事情并没有完结，要把思想工作跟上去，具体指出他错在哪里，帮助其查找犯错误的思想根源，让其真正认识自己的错误，使其增强改正错误的决心和信心，并为其改正错误创造条件。

正确处理罚与情的关系，要情罚交融。常言道：无情未必真豪杰。领导者对有过失的部下，也要尊重、理解、关心，要关心他们的实际生活，为其排忧解难，让其充分体会到领导的温暖。但这不能以丧失原则为代价，也就是说既要讲人情味，又不能失去原则性。否则，对违法乱纪的人，不绳之以法，反而以"情"为筹码捂盖子，照顾关系和面子，该批评的不批评，应处分的不处分，大事化小，小事化了，最后不了了之，这样不仅不能使下属吸取教训，引以为戒，还会助长歪风邪气，丧失制度、法令的严肃性和威慑力，降低自己的权威性和号召力。因此，切不可把人情味庸俗化。人情味要讲，原则性更要讲。讲人情只有在坚持原则的前提下，只有坚持了原则性，人情味才能更有效，更具有教育性和感召力。

第 7 章
"用对人做对事"的管理技巧

对下属进行合理分工，可以使下属心情舒畅

知人善任，对下属进行合理分工，可以使下属心情舒畅，充分发挥下属的积极性和创造性。作为领导者，其主要精力应该花在计划、组织和监督、指导上。如果事必躬亲，必将因小失大。一方面，自己的时间和精力大部分被琐碎的事务占去，势必影响宏观调控的能力；而另一方面，又会使下属觉得无事可干、束手束脚，丧失工作的积极性和创造性，不能人尽其用、人尽其才。这样即使你干得筋疲力尽，也难取得优秀的成绩。

领导者必须根据发展状况和实际需要，认真研究企业对人才的需求，什么岗位需要什么样的人才，要做到心中有数。同时要清楚了解下属的能力与特长情况，尤其要善于发现那些默默无闻的人才。要根据人才的专长，扬长避短，合理使用人

才，千万不要将有能力的人才闲置。领导者在用人的过程中必须牢牢记住一点：用人不疑。

公元1683年6月，施琅奉康熙的命令率水师两万余人，战船两百余艘，自铜山出发，进击台湾，经过几天奋战大败澎湖守军。守军主力悉数被歼，结果军心涣散。施琅占据澎湖，居高临下，对郑军进行招抚。郑克爽见大势已去，遂同意归附清廷，实现和平统一。台湾和祖国大陆和平统一在清初是一件大事，施琅为此立了大功。在统一的过程中，施琅固然功不可没，但是如果没有康熙的用人不疑，施琅恐怕也很难施展抱负。正当施琅雄心勃勃希望以武力征服台湾时，主抚派在当时占了上风，部分朝臣对施琅不信任。因为他不仅是明朝的降将，而且在1664年前后两次率兵征台未果。最后康熙仍然果断地任用施琅，终于使得台湾得以统一。

领导者一定要有正确的用人态度，要有清醒的用人意识，要有坚定的用人信心。企业可以有各种监督、考核手段，但并不是在其职权范围内横加干涉。要表里如一，让下属安心工作，而不必花费精力来对付领导者。通过建立科学的选拔和用人机制，创新人才才会脱颖而出。

作为领导者，在对下属进行任务分工时也应根据下属的能力和特长进行合理分配，否则会造成下属的不满情绪，影响上下级之间的交往，不利于工作的完成。

　　中国有句俗话：用人不疑，疑人不用。这也是知人善任的一项原则。你应该对你的下属毫无猜疑地信任，这样才能使他们忠实真诚地为你效力，才能使他们负起应负的责任。

　　要做到信任下属，还应该多听取他们的建议，让他们知道，他们也在参与领导，而不仅仅是被领导者。要记住：请教别人或征求他们的意见，总是会使他们感到高兴的。

对于不同的下属，一定要把握他们的性格

　　领导者的任务简单地说，就是找到合适的人，摆在合适的地方做一件事，然后鼓励他们用自己的创意完成手上的工作。领导者要想说服下属，让他们依照你的意思行事，就必须摸清下属的性格，对不同的人采用不同的方法，既不能千篇一律，也不能"牛不吃草强按头"。

　　摸透下属的秉性，必须对下属有全面、细致的了解，对下属的情况知道的越多，越能理解他们的观点和存在的问题。作为领导者，应该尽一切力量去认识和理解一个人的全部情况。

　　下属的工作态度和习惯不只影响自身的工作效率，也容易影响到其他下属的士气和工作效率。身为领导者不能忽视下属的性格问题。只有了解了他们的性格，才能采取正确的对策，

以理服人。

三国时期，诸葛亮作为一个领导者，对下属的性格可谓了解得极其透彻，他能针对不同的下属而采取不同的对策，所以能让所有下属都心服口服。关羽自傲自大，诸葛亮在华容道之战前，利用他的自大、自傲，使其立下军令状。其后，关羽果然是如诸葛亮所料，放走了曹操。他也从此对军师诸葛亮更加信服。

而张飞，性格鲁莽、脾气暴躁。诸葛亮对这个莽汉则采取激将法，往往激得张飞不惜生命南征北战，从而取得胜利。事后，张飞对诸葛亮也是心服口服。孟获有少数民族的特点，他淳朴但又勇猛无比。对待这样的人，诸葛亮则采用了攻心战术。七擒孟获，使孟获由衷地佩服诸葛亮，并从此对诸葛亮、对蜀国死心塌地。

对于不同的下属，你一定要先把握他们的性格，才能够据此采取不同的对策，让他们信服。

所谓性格，是指人对客观现实的稳固态度以及在与之相适应的惯常的行为方式中表现出的个性心理特征。性格是一个人个性的核心，它直接影响到人的行为方式，进而影响到人际关系及工作效率。

一般来说，有几类人的性格较为突出，也比较为难领导，下面分别做出介绍，为领导者提供借鉴。

知识高深的下属，懂得高深的理论，可以用商量的口吻；

文化低浅的下属，听不懂高深的理论，应多举明显的事例；

刚愎自用的下属，不宜循循善诱时，可以用激将法；

爱好夸大的下属，不能用表里如一的话使他接受，不妨用诱兵之计；

脾气急躁的下属，讨厌喋喋不休的长篇说理，用语须简要直接；

性格沉默的下属，要多挑逗他说话，不然你将在云里雾中；

头脑顽固的下属，对他硬攻，容易形成僵局，造成顶牛之势，应看准对方最感兴趣之点，进行转化。

性格刚强却粗心的下属，不能深入细致地探求道理，因此他在论述大道理时，就显得广博高远，但在分辨细微的道理时就失之于粗略疏忽。此种人可委托其做大事。

性格倔强的下属，不能屈服退让，谈论法规与职责时，他能约束自己并做到公正，但说到变通，他就显得乖张顽固，与他人格格不入。此种人可委托其立规章。

性格坚定又有韧劲的下属，喜欢实事求是，因此他能把细微的道理揭示得明白透彻，但涉及大道理时，他的论述就过于直露单薄。此种人可让他办点具体事。

能言善辩的下属，辞令丰富、反应敏锐，在推究人事情况时，见解精妙而深刻，但一涉及根本问题，他就说不周全容易遗漏。此种人可让他做谋略之事。

随波逐流的下属不善于深思，当他安排关系的亲疏远近时，能做到有豁达博大的情怀，但是要他归纳事情的要点时，他的观点就疏于散漫，说不清楚问题的关键所在。这种人可让他做低层次的管理工作。

见解浅薄的下属，不能提出深刻的问题，当听别人论辩时，由于思考的深度有限，他很容易满足，但是要他去核实精微的道理，他却反复犹豫没有把握。这种人不可大用。

宽宏大量的下属思维不敏捷，谈论精神道德时，他的知识广博，谈吐文雅，仪态悠闲，但要他去紧跟形势，他就会因为行动迟缓而跟不上。这种人可用他去带动下属的行为举止。

温柔和顺的下属缺乏强盛的气势，他体会和研究道理时会非常顺利通畅，但要他去分析疑难问题时，则会拖泥带水，一点也不干净利索。这种人可委托他按照领导者的意图办事。

喜欢标新立异的下属潇洒超脱，喜欢追求新奇的东西，在制定锦囊妙计时，他卓越的能力就显露出来了，但要他清静无为，却会发现他办事不合常理又容易遗漏。这种人可从事开创性工作。

性格正直的下属缺点在于好斥责别人而不留情面；性格刚

强的人缺点在于过分严厉；性格温和的人缺点在于过分软弱；性格耿直的人缺点在于过分拘谨。这三种人的性格特点都要主动加以克服。所以可将他们安排在一起，借以取长补短。

公正对待下属，要克服四种用人心理

出于公心选人留人用人，是领导者必须具备的重要心理素质之一。只有这样的领导者才能任用贤人，不任人唯亲，不拉帮结派；才会用人所长而不浪费人才；才能真心为组织谋良才。由于领导班子的职位设置和领导的职权限制，而领导班子内有才华、有能力的人很多，领导者用什么样的人，用谁？都是非常棘手的。如果不加选择而贸然行事，必将引起方方面面的矛盾，不利于团结和工作。因此，现代企业领导者的用人，要有一个正确的出发点，那就是要出于公心。要以有利于领导班子发展和班子成员积极性的调动为出发点，不讲私情，不搞妥协，不回避矛盾。真正将愿为整个单位做贡献而又有真才实学者提拔任用到各级领导岗位上，以推动整个单位领导目标的高效实现。领导者用人，不可能使各个方面和每个人都满意，只要是出于公心，出于事业发展所需，最终会赢得尊重，赢得人心。

因此，领导者在培养用人的公心的过程中必须要善于克服以下几种不良的用人心理。

1.避免任人唯亲心理

任人唯亲心理指的是用人者不管德才如何，只是选择那些和自己感情好、关系密切的人，或者任用自己的亲属等，主要表现在以下四方面：

一是"一人独断"。谁拥护他、吹捧他，就提拔谁。把领导者自己的部门搞成"一人得道，鸡犬升天"的"封地"。

二是"唯派是亲"。凡是帮朋派友，不管是否有德有才，都优先加以考虑。

三是"关系至上"。有"关系"的人起用，没"关系"的人靠边。

四是以血缘关系作为用人的标准，致使团体呈现家族化的倾向。人事上的近亲繁殖，扭曲了用人标准，压抑了他人成长和能量的释放。

这从王安的公司的失败中可窥一斑。

王安的公司曾经实力雄厚，在1984年，有33亿美元营业额，雇用24800名下属。王安失败的一个重要原因就是缺乏下属之间巩固的社会基础。王安本人受中国传统文化的影响，对本家族外的高层领导不放心，也不信任。

当外部环境发生变化，公司经营遇到困难时，他把公司大权交给自己的儿子，而公司里的美国经理却遭到冷落，导致许多有才华的经营管理人才在关键的时刻离开公司，使公司业绩一败涂地。

任人唯亲会严重危害企业的发展。表现在四个方面：

第一，阻止了优秀人才的加盟，不利于企业素质的提高；

第二，使经营者大权独揽，独断专行，顾此失彼；

第三，导致下属不思进取，缺乏创新和忧患意识；

第四，导致企业内部争权夺利，缺乏凝聚力。

我国许多企业，包括一些国有企业、私人企业、海外公司以及港台中小型企业，长期以来发展缓慢，打不出品牌的重要原因之一就是缺乏使企业发展壮大的社会资本，缺乏对人的信任和合作精神。

很多私人企业的老板管理手段简单粗暴、武断专横。公司结构原始落后，用人方式任人唯亲。企业高层领导者对亲朋好友重点提拔，而对圈外人则另眼相看，不予重用，生怕自己的位置被人剥夺。

这样的企业怎能招聘人才，留住人才。因此，领导者要意识到信任的基础不能建立在"血缘""地域"上，而应该建立在专业化知识与表现上。不管是大鼻子还是小鼻子、黑头发还是黄头发，企业需要的是专业化程度高、热情与激情兼备的职业经理人。

2.避免论资排辈心理

这种心理是指领导者把资历深浅、年龄大小和辈分高低作为提升和使用人才的主要依据。提拔干部时，不管他有多大才干，机械地按年龄资历从上往下排座次。虽然资历是历史的记录，在一定程度上反映人们的实践经验，但我们不能把它绝对化，既不能把资历与能力画等号，也不能把资历与水平画等号。

人的才能高低与工龄长短、资历深浅有着一定的联系，但资历并不完全与实际才能成正比，成反比的现象也并不罕见。领导者用人论资排辈会给班子带来如下危害：

第一，阻碍了大批中青年人才的成长，与现代科学文化发展规律是背道而驰的。

第二，阻碍了人才竞争，挫伤人才的积极性和创造性，使有真才实学的人被压抑、埋没，有才难展，有志难酬。

第三，易使资历深、辈分大一些的人滋长居功自傲心理。

人才使用有一个时效问题，一个人的才能不是一成不变的，而是一个抛物线的过程，从才能显现，到炉火纯青，再到才能衰减。一般认为，领导工作的年龄曲线在50岁为峰值年龄；技术工作的年龄曲线在45岁为峰值年龄；科学研究工作的年龄曲线在37岁为峰值年龄。这就要求我们破除论资排辈的旧观念，抓住各类人才的最佳年龄阶段，不拘一格选拔使用人才。

邓小平同志曾指出，对突出人才的使用要破除论资排辈的心理，讲台阶，但又不能唯台阶。为人才创造一个公平竞争的环境。同时要大胆提拔，破格使用，在使用中帮助他们克服缺点，这样有助于人才的成长，有助于事业的发展。

3.不要听信谗言

在相当多的单位中，总是有那么一些心术不正的人，为达到卑鄙的目的，采用不正当手法，散布流言蜚语，干扰领导者的用人决心和意图。使领导者难辨真伪，产生偏信诡言的心理状态。造成的恶劣后果是：

第一，压抑优秀人才，良莠不分。给予兢兢业业、埋头苦干、忠厚老实、不愿逾矩的人以伤害；给予有魄力、有能力、敢于冲破阻力，开拓进取的人以伤害。

第二，使组织氛围恶化，抑正纵邪、是非不分、忠奸倒置，好人受气、受屈，心术不正之辈弹冠相庆，使组织舆论导向、价值导向偏离正常组织目标。

第三，损害决策者威信。由于信、纵谗言，导致人际圈子越来越小。

4.不要害怕担风险

在一些人眼里，年轻人办事不牢，个性强的人容易捅娄子，这两种人被提拔进领导机构总是不那么容易通过。尤其在一些国有企业里，年轻人即使进了领导机构也是往后排，个性较强的"野马"进领导机构也就更难。

怕担风险的另一表现是用人不讲时效。研究证明，一个脑力劳动者，其工作早期是最富有效率的年代，这些人到40岁以后，年龄和成就之间往往出现了反比关系。

遗憾的是，这些研究成果并未引起用人单位的足够重视，在一些人的眼里，30岁属"嘴上无毛"之列，40岁还是"嫩扁担"一根，硬是要等到人家"老"了、"成熟"了以后才给提拔。

以上几种不良心理状态是领导者在用人过程中很容易出现的，领导者要克服种种不良的心理状态，牢记用人以公，选拔人才使用人才都要出于公心，出于组织的长远利益，出于为了组织的发展，而不是为了自己或小团体的利益，这样才能为组织发展储备丰富的人才资源。

玩弄权术的领导，会伤害员工的自尊心

如何将企业治理好，一直是需要领导者思考的问题。有的研究有素，也就治理有方；有的研究无得，也就治理失败。要治理好企业，必须网罗人才，以诚心对待人才。古代燕昭王黄

金台招贤，便是最著名的例子。

《战国策·燕策》记载，燕国国君燕昭王（公元前311—前279年）一心想招揽人才，而很多的人认为燕昭王仅仅是叶公好龙，并不是真的求贤若渴。于是，燕昭王始终寻觅不到治国安邦的英才，整天闷闷不乐的。

后来有个智者郭隗给燕昭王讲述了一个故事，大意是：有一国君愿意出千两黄金去购买千里马。然而时间过去了三年，始终没有买到，又过去了三个月，好不容易发现了一匹千里马。当国君派手下带着大量黄金去购买千里马时，马已经死了。可被派出去买马的人却用五百两黄金买来一匹死了的千里马。国君生气地说："我要的是活马，你怎么花这么多钱弄一匹死马来呢？"

国君的手下说："你舍得花五百两黄金买死马，更何况活马呢？我们这一举动必然会引来天下人为你提供活马。"果然，没过几天，就有人送来了三匹千里马。

郭隗又说："你要招揽人才，首先要从招纳我郭隗开始，像我郭隗这种才疏学浅的人都能被国君采用，那些比我本事更强的人，必然会千里迢迢赶来。"

燕昭王采纳了郭隗的建议，拜郭隗为师，为他建造了宫殿。后来没多久就引发了"士争凑燕"的局面。投奔而来的有魏国的军事家乐毅，有齐国的阴阳家邹衍，还有赵国的游说家剧辛等等。落后的燕国一下子便人才济济了。从此以后燕国由一个内乱外祸、满目疮痍的弱国，逐渐成为一个富裕兴旺的强国。

管理之道，唯在用人。人才是事业的根本。杰出的领导者应善于识别和运用人才。只有做到唯贤是举，唯才是用，用人以诚才能在激烈的社会竞争中战无不胜。

领导者在用人过程中要讲究谋略，但是讲究谋略并不等于玩弄权术。对人才玩弄权术是对人才的最大伤害和不尊重，是对人才的浪费，长期这样迟早会使领导者人心背离，给组织发展带来损害。

对人才玩弄权术主要表现在以下八个方面：

明升暗降，利用手中权力巧妙地夺取实权；

以邻为壑，向下级转嫁困难和灾祸；

声东击西，假意威胁某甲的职位，实则夺取某乙的职位；

浑水摸鱼，局势混乱趁机扩充自己的实力；

收买人心，用不正当手段骗取大家的信任；

以怨报德，借用优秀人才的力量发迹，然后再整倒人才；

以利诱人，用不正当手段拉拢下属，让他为自己效劳；

为所欲为，不择手段地达到自我欲望的满足；

领导者对下属使用以上这些权术都会极大地伤害人才的自尊心和自信心。同时其他下属也会因此而鄙视或者害怕你，在以后的工作中处处防范你，一旦下属对你的人品产生怀疑，领导者的威信也会大大降低。

不知下属的短处，就不会明白下属的长处

任何一个组织都是众人的集合，有才华出众者，有泛泛如众者，有八面玲珑者，有谨小慎微者，等等。真可谓各色人等，长短不一。

但用人问题的关键却在于，要用人之长，这是领导者用人的眼光和魄力之所在。现代领导科学的领导理念是，一个人的短处是相对存在的，只要善于激活他某一方面的长处，那么这个人则可能修正自我，爆发出惊人的工作潜能。

去过寺庙的人都知道，一进庙门，首先是弥勒佛，笑脸迎客。而在他的北面，则是黑口黑脸的韦陀。但相传在很久以前，他们并不在同一个庙里，而是分别掌管不同的庙。弥勒佛热情快乐，所以来的人非常多，但他什么都不在乎，丢三落四，没有好好地管理账务，所以依然入不敷出。而韦陀虽然管账是一把好手，但成天阴着个脸，太过严肃，搞得人越来越少，最后香火断绝。

佛祖在查香火时发现了这个问题，就将他们俩放在同一个

庙里，由弥勒佛负责公关，笑迎八方客，于是香火大旺。而韦陀铁面无私，锱铢必较，则让他负责财务，严格把关。在两人的分工合作中，庙里一派欣欣向荣景象。

其实在高明的领导者眼里，没有废人，正如武功高手，不需名贵宝剑，摘花飞叶即可伤人，关键看如何运用。

在一次宴会上，唐太宗对王珪说："你善于鉴别人才，尤其善于评论。你不妨从房玄龄等人开始，都一一做些评论，评一下他们的优缺点，同时和他们互相比较一下，你在哪些方面比他们优秀？"

王珪回答说："孜孜不倦地办公，一心为国操劳，凡所知道的事没有不尽心尽力去做，在这方面我比不上房玄龄。常常留心于向皇上直言进谏，认为皇上能力德行比不上尧舜很丢面子，这方面我比不上魏证。文武全才，既可以在外带兵打仗做将军，又可以进入朝廷搞领导担任宰相，在这方面，我比不上李靖。向皇上报告国家公务，详细明了，宣布皇上的命令或者转达下属官员的汇报，能坚持做到公平公正，在这方面我不如温彦泊。处理繁重的事务，解决难题，办事井井有条，这方面我也比不上戴胄。至于批评贪官污吏，表扬清正廉洁，疾恶如仇，好善喜乐，这方面比起其他几位能人来说，我也有一日之长。"

唐太宗非常赞同他的话，而大臣们也认为王珪完全道出了他们的心声，都说这些评论是正确的。

从王珪的评论可以看出唐太宗的团队中，每个人各有所长。但更重要的是唐太宗能将这些人才依其专长运用到最适当的职位，使其能够发挥自己所长，进而让整个国家繁荣强盛。

未来企业的发展是不可能只依靠一种固定组织的模式而运作，必须视企业经营管理的需要而有不同的团队。所以，每一个领导者必须学会如何组织团队，如何掌握及管理团队。领导者应以每个下属的专长为思考点，安排适当的位置，并依照下属的优缺点，做机动性调整，让团队发挥最大的效能。

最糟糕的领导者就是漠视下属的短处，随意任用，结果就会使下属不能克服短处而恣意妄为。也就是说，一位不能够明白下属短处的领导者，也不能够明白下属的长处，这是善于洞察下属的领导者力戒的用人误区。如果说，只看到下属的短处而将他抛弃的领导者好比瞎了一只眼睛的盲人，那么只使用下属的短处的领导者则好比瞎了两只眼睛的盲人——成了一个真正的瞎子！

给下属职位，就要给下属权力和责任

《吕氏春秋》记载，孔子的弟子子齐，奉鲁国君主之命要到父去做地方官。但是，子齐担心鲁君听信小人谗言，从上面干预，使自己难以放开手脚工作，充分行使职权，发挥才干。于是，在临行前，主动要求鲁君派两个身边的近臣随他一起去父上任。

到任后，子齐命令那两个近臣写报告，他自己却在旁边不时去摇动两个人的胳膊肘，使得字体写得不工整。于是，子齐就对他们发火，两个人又恼又怕，请求回去。

两个近臣回去之后，向鲁君抱怨无法为子齐做事。鲁君问为什么，这两个人说："他叫我们写字，又不停地摇晃我们的胳膊。字写坏了，他却怪罪我们，大发雷霆。我们没法再干下去了，只好回来了。"

鲁君听后长叹道："这是子齐劝诫我不要扰乱他的正常工作，使他无法施展聪明才干呀。"于是，鲁君就派他最信任的人到父对子齐传达他的旨意：从今以后，凡是有利于父的事，你就自决自为吧。五年以后，再向我报告。子齐郑重受命，从此得以正常行使职权，发挥才干，父得到了良好的治理。这就是著名的"掣肘"典故。后来，孔子听说此事，赞许道："此鲁君之贤也。"

古今道理一样。领导者在用人时，要做到既然给了下属职务，就应该同时给予与其职务相称的权力，不能大搞"扶上马，不撒缰"，处处干预，只给职位不给权力。

在这方面做得最出色的是齐桓公的"凡事问管仲"。

有一次，晋国派使者晋见齐桓公，负责接待的官员向齐桓公请示接待的规格。

齐桓公只说了一句话："问管仲。"

接着，又来一位官员向齐桓公请示政务，他还是那句话："问管仲。"

在一旁侍候的人看到这种情形，笑着说："凡事都去问管仲，照这么看来，当君主蛮轻松的吗？"

齐桓公说："像你这样的小人物懂什么呢？当君主的辛辛苦苦地网罗人才，就是为了运用人才。如果凡事都由君主一个人亲自去做，一则不可能做得了，再则就糟蹋了苦心找来的人才了。"

齐桓公接着说，"让管仲当我的臣下。既然交付给他处理，齐国就安泰，我就不应该随便插手。"

网罗人才是一件很辛苦又费力的事，得到真正的人才不容易。一旦得到贤良而忠心的人才辅佐，国家就会兴旺安泰。要放手让人才去发挥自己的才干，身为领导者，就不要随便插手干预。正是因为齐桓公的贤明，再加上管仲的大力辅佐，不久之后，齐国就跃居春秋五霸之首。

无论是鲁君，还是齐桓公，他们的话都很值得细细品味。领导者用人只给职不给权，事无巨细都由自己定调、拍板，实际上是对下属的不尊重、不信任。这样，不仅使下属失去独立负责的责任心，还会严重挫伤他们的积极性，难以使其尽职尽力，到头来工作搞不好的责任还得由领导者自己来承担。

所以，放手让下属去施展才华，只有当他确实违背了工作的主旨时，你再出手干预，将他引上正轨。只有将下属的积极性全部调动起来，你的事业才能迅速地获得成功。

第8章
"把工作执行到位"的管理技巧

给下属布置工作时，要把握三点原则

在实际生活中，常常可以看到这样的领导者，他对一个新来的干部，首先表示欢迎他到这个单位来工作，然后让他与原有的人见见面，向他简单介绍几句本单位的情况，再后，三言两语交代一下他做什么工作，然后，就扔下他不管了。另有一些领导者在布置工作时，常常犯一种毛病，就是从来不明确地告诉下属干什么、怎么干，他以为自己了解和掌握的东西，下属也应该懂得；或是有意识地不向下属交底，放任不管，而当下属的工作没有达到他所要求的标准时，他就批评一顿。这些做法都是不当的。

向下级布置工作的正确做法应当是：

1.交代必须明确

在布置工作时，以下各项应当十分清楚：什么任务，属什

么性质，有什么意义；应达到什么样的目标和效果；什么时候完成；向谁请示汇报；应遵循哪些政策原则；执行任务者在人、财、物和处理问题方面有哪些权力；步骤、途径和方法是什么；可能出现哪些情况，需要注意什么问题。当然，以上各项要因人因事而异。重要的事就要交代得严肃、明确、具体，简单的事就可以粗略一些；对于头脑聪明、经验丰富、一点就透的人，可以简明扼要，不必耳提面命，啰啰嗦嗦；对于新手和能力差的人，要尽可能把想到的东西都告诉他，使他少走弯路。

2.要同下属商量

下达指令、布置任务之前，自然要充分准备，把问题想得周密些。但在向下属交代的时候，还是应当抱着商量的态度。对于自己感到不太有把握的意见，要虚心向下属征询，如果下属的意见有道理，就要及时采纳；即使对于自己的设想感到很有把握，也要善于启发下属动脑筋，提看法，以便使指令更完善、更切合实际；如果执行者没有什么意见可提供，可以通过适当的问话，来检验一下他对指令是否充分理解了，是否变成了他自己的思想；对于那些执行者有权随机处理的细枝末节，则不必过多纠缠，议论不休，以免束缚下属的手脚。所以，在一般情况下，不要形成领导者居高临下，一二三四布置一大套，执行者俯首听命、机械服从、不置一词的僵硬气氛。事实证明，在布置任务时只有对下属抱着信任、尊重、平等、虚心的态度，下属才容易理解，乐于接受，也才能更好地执行。

3.任务与职能相称

这里有两层意思：一是你所分配的任务应当是他的职责范围之内的，是属于他岗位责任制范围之内的事，而不能把本应属于上层的事交给下一层去干，把下层的事交给上一层去干，或是把本应由甲完成的任务让乙去做，乙的事让甲去做。如果那样乱摊派，势必打乱工作秩序，使人无所适从。当然，一些特殊情况下的特殊任务，也需要临时变通，但不能太多，特殊情况一过，还应当各司其职，各负其责。二是所分配的任务要与他的能力相一致，有多大能力的人就分配给他多重的活儿，如果不然，让能力强、水平高的人去干简单的活儿，既浪费了人才，又使他心情不舒畅，认为领导瞧不起他，重要的事不让他去做；如果让能力差、水平低的人去完成复杂、艰巨的任务，不仅容易误事，而且执行任务的人也有反感，认为领导是故意找别扭，强我所难。此外，在工作量上也要考虑，工作交得太多，会使他感到承担不了，太少又使他感到英雄无用武之地。

检查下属工作时，要从六个方面去努力

有布置而无检查，是领导者失职的表现；虽有检查，但不得其法，缺乏这方面的领导艺术，也收不到良好的效果。根据许多领导者的经验，要做好检查工作，必须从以下几个方面去努力：

1.事先要有准备

检查工作是一件严肃而细致的事情，如果毫无准备，心中无数，就不要下去，而应准备好了再说。所谓准备，就是对所要检查的工作，在总形势上有一个基本的了解，在方针政策上比较熟悉，对倾向性问题也要胸中有底，以便更有针对性地进行检查。不然，下去之后，就容易出现一问三不知，或说错话，出歪主意的现象。同时，对检查的重点在哪里，哪个是关键部位，何处是薄弱环节，也要基本掌握，不然就会收效甚微。对于一些大规模的、复杂的检查项目，事先要有一个较详尽的计划，人力如何配备、时间如何安排、达到什么要求、采取哪些方法步骤，都应事先讨论明确，然后按照要求分工，各负其责。

2.不要为检查而检查

检查下属的工作，主要是检查对路线、方针、政策的执行和落实情况，看下属是否准确迅速、积极主动、卓有成效地完成应该完成的各项任务，这是检查工作的主要目的和内容。

但检查工作不是一件单一的、孤立的事情，如前所述，它也是搜集信息、考察培养干部、推进工作、提高自身领导素质的重要渠道。既然检查工作这件事有着如此丰富的内涵和重要的意义，它也就理所当然地成为领导者的一个重要职能，就应当把它放到应有的突出位置上，下大力量抓好。如果能意识到这一点，就不会为检查而检查，或把检查工作看得过于简单，在行动上，就不会粗枝大叶，草率从事，而是自觉地把上述要求作为努力实现的目标，坚持标准，从严要求，达到高质量、高效益。

3.检查要有标准

检查工作没有标准，大家就无所遵循。一般地说，要以原来制定的目标和计划为标准，但是又不能把这个标准看死了。它既是确定的，又是不确定的。所谓确定的，是说必须拿目标、计划作为尺度来衡量实际工作情况，非此不成为检查工作。所谓不确定的，就是不能削足适履，硬要客观事实符合主观认识。

为此，检查可以分为三步：第一步是以既定目标和计划为标准，衡量工作进展情况及绩效；第二步是以实践结果为标准，同时，也有利领导者集思广益；第三步是专门班子与领导者相结合共同检查。

在现代化大生产条件下，没有一个领导者可以对错综复杂的情况洞察一切，即使是有才干的领导者，也无法靠自己来检查一切工作、掌握一切信息。所以在检查工作中，应当充分发挥反馈系统、监督系统等职能机构的作用，或者组成临时性的专门班子，吸收这种职能机构的专家参与工作。

然而，领导者亲身参加检查也是绝对必要的。因为检查总结是领导者的一项职能，不亲身参加，就难以对贯彻执行决策的情况有深切了解和亲身感受，当然也就不能充分发挥检查工作的作用，对于再决策也会产生不利影响。即使有需要指正的地方，也要看准了再说，不要乱表态。作为上级领导的意见，下面的同志是很重视的。如果乱发议论，不但会使自己被动，降低自己的威信，而且会给下级造成思想压力，形成瞎指挥，给工作带来损失。

4.要敢于表扬和批评，但要注意方法

领导者在检查工作时，必然要对下级的工作做出评价，或表扬或批评，目的是更好地调动积极性，激励他们做好工作。为此，首先要坚持原则，敢于讲话，是非要清楚，功过要分明，正确的坚决支持，错误的坚决纠正，好的要表扬，坏的要批评，不能含糊敷衍，模棱两可。其次，要掌握分寸，不能过头。表扬要实事求是，留有余地；批评要诚实中肯，恰如其分，严而不厉，同时不抹杀对方做出的努力和成绩。只有这样，才能使其口服心也服，便于今后改进。

5.防止主观性、片面性和表面性

凡是不从实际出发看问题，而是戴着有色眼镜看问题，先入为主，自以为是，就是主观性。片面性就是不能全面地客观地看问题，只知其一，不知其二，只见树木，不见森林。所谓表面性，就是走马观花，蜻蜓点水，知其然不知其所以然。这些都是检查工作的大忌，一定要注意防止和克服。下去之后，不要带框子，抱成见，而要一切尊重客观事实，具体问题具体分析；好话坏话都要听，缺点成绩都要看；要扎扎实实，了解真情况，获取真知识，不要作风漂浮，浅尝辄止，等等。

6.要在解决问题上下功夫

只看病不治病，只调查，不解决，是一些领导者检查工作时常犯的毛病。为什么要检查工作？

说到底，就是要发现问题，解决问题，把事业推向前进。当然，与发现问题比起来，解决问题是要费力气的，领导者就是要知难而上，努力从解决问题上看本事，见高低。

凡是当时就能解决的，就要立即解决；当时不能解决的，也要本着为事业负责的精神，创造条件，抓紧做工作，争取尽快解决。

责任落实不到位，执行力就大受影响

有一个人给一位企业老板发送电子邀请函，连发几次都被退回，向那位老板的秘书查询时，秘书说邮箱满了。可四天过去了，还是发不过去，再去问，那位秘书还是说邮箱是满的。试想，不知这四天之内该有多少邮件遭到了被退回的厄运？而这众多被退回的邮件当中谁敢说没有重要的内容？如果那位秘书能考虑这一点，恐怕就不会让邮箱一直满着。作为秘书，每日查看、清理邮箱，是最起码的职责，而这位秘书显然责任心不够。

人们还经常见到这样的员工：电话铃声持续地响起，他（她）仍慢条斯理地处理着自己的事，根本充耳不闻。一屋子人在聊天，投诉的电话铃声此起彼伏，可就是不接听。问之，则曰："还没到上班时间。"其实，离上班时间仅差一两分钟，就看着表不接。有些客户服务部门的员工讲述自己部门的秘密："五点下班得赶紧跑，不然慢了，遇到顾客投诉就麻烦了——耽误回家。即使有电话也不要轻易接，接了就很可能成了烫手的山芋。"

这些问题看起来是小事，但恰恰反映了员工的责任心。而正是这些体现员工责任心的细小之事，却关系着企业的信誉、信用、效益、发展，甚至生存。那么，员工为什么会缺乏责任心呢?

首先是管理者不知道该如何体现和增强员工的责任心。这是经验少、智慧不够、思维能力不足的表现。

其次是企业的管理者思想懈怠或疏于管理监督，员工自然跟着懈怠。领导懈怠一，员工能松懈十。

再次是源于人的懒惰天性。企业原本规章制度执行得很好，可时间一长自然懈怠，思想上一放松，责任心就减弱，行为上自然就松懈，体现在日常的工作中就是执行力下降，很多问题均由此而生。

责任心体现在三个阶段：一是执行之前，二是执行的过程中，三是执行后出了问题时。怎样提升责任心呢?

第一阶段，执行之前要想到后果。第二阶段要尽可能引导事物向好的方向发展，防止坏的结果出现。第三阶段，出了问题敢于承担责任。勇于承担责任和积极承担责任不仅是一个人的勇气问题，而且也标志着一个人是否自信，是否光明磊落，是否恐惧未来。

员工勇于承担责任是一种美德，一种勇气，是无私无畏的表现，更容易赢得领导的尊重，成为同事行为的楷模和样板。员工如有能力以一种负责的、职业的、考虑周全的方式行事，对公司来说是一种竞争优势，对于个人而言是一笔财富，是提高执行能力的最佳途径。

勇于承担责任不是大家心中所想的那样，好像自己要付出多大的代价。在公司里主动承担责任只会给自己带来好处，虽然有时候会牺牲自己的利益。从另一个方面来讲，勇于承担责任是每一名员工的职责所在，是义不容辞的事。

责任不到位的执行，就像一盘散沙，散掉的不仅是执行的效果，而且还会散掉人心，造就一支松松垮垮的团队。

那么，如何才能让责任不缺位？

第一，明白"所有人都有责任，实际上就是所有人都没有责任"。

执行中最怕说"这是你们所有人共同的责任"。所有人都负责，结果往往是所有人都负不起责任：有了问题你指望我、我指望你，结果是谁都不去解决；出了问题则互相推诿。

第二，明确"这就是你的责任"。

也就是将执行的责任分解到每一个人，明确告诉执行者执行的范围和标准，哪一点、哪一个环节出了问题，那么"就是你的责任"。

第三，出了差错，一定要有相应的惩罚措施。

尽管南京明故都古城墙的砖上只标出了工匠的名字，但毫无疑问，这背后必然跟着相应的惩罚措施，哪块砖出了问题，都能查到相应的责任人，进行相应的处罚。责任细到了每块砖上，谁敢掉以轻心。

如果有了上面这三点作保证，那么，责任就必然到位，执行就不再缺位。

监管到位，消除企业中的六类"蛀虫"

韩非子是中国法家思想的代表人物，在先秦诸子时代，其《八奸》不但使人耳目一新还令人振聋发聩。对于君主来说，同床、在旁、父兄、养殃、民萌、流行、威强、四方，是谓"八奸"。凡此八者，人臣之所以道成奸，世主所以雍劫，失其所有也，不可不查焉。

对于一个企业来说，形形色色的员工可能让人一时难以抓到头绪。要想员工能拧成一股绳，劲往一处使，那么企业大概至少需要认真对待以下几类"蛀虫"：

（1）业务不精的人。负责技术的，不了解最前沿的技术和发展方向；负责财务的，不明白怎样规避金融风险；负责人力资源的，不清楚员工真正需求，无法为企业留住人才。

（2）嫉贤妒能的人。有些人，自己业务能力水平有限，却一心沉迷于对有才能的员工进行污蔑、陷害，处处给人挖陷阱，让人防不胜防。如果主管领导是个明白人，尚能识破他的伎俩，一旦主管领导昏庸抑或失察，则小人便咸鱼翻身，正直、忠厚之人便没有抬头的机会。所以韩非子说："是明法术而逆主上者，不僇于吏诛，必死于私剑矣。"

有些人，明明知道下属比自己强，但为了保住自己的位置，却千方百计进行压制、隐瞒，绝不让上司知道，让那些并非池中之物的人才就这样轻易地埋没了。这些人，是企业"蛀虫"中最罪大恶极之辈。

（3）目光短浅的人。这种人鼠目寸光，只看到眼前利益，不为公司的整体着想，不为公司的长期利益着想。比如，有些人表面上为公司降低成本，降低产品质量要求以压低供货商的价格，最终导致项目延时、索赔甚至失败，从而在很大成程度上伤害了公司的利益，甚至危及企业生存的根本。有些人一味地要求员工工作热情饱满，却从不给员工任何学习和提高的机会，从而导致员工跟不上公司发展的形式，最终难以有效地完成相关的业务，无形中提高了企业的成本。

（4）私活公干的人。利用公司的资源，为自己私人的业务提供便利。这些人，为了降低私人业务的成本，不惜把成本和风险转嫁给所在职的企业。鲸鱼大概能带动一些小的海贝之类的附生物，然而倘若是一头嗜血的鲨鱼，则鲸鱼必死无疑。疏于管理的企业，这种"蛀虫"其实也不少。利用公司电话煲电话粥的大有人在，以公司的车为自己办私事的也不在少数，利用公司的品牌或名声为自己谋利益者就更加不计其数了。这些人可谓是"道高一尺，魔高一丈"，想尽一切办法钻空子，可谓无孔不入。

（5）公活私干的人。有些人，把公司的业务转移到与自己利益相关的单位，为自己牟私利。本来要跟公司签合同的，他却利用职务之便，想方设法地把合同转移给自己。一方面，直接导致了公司的财务损失，另一方面，又损害了公司的形象，使企业失去了客户的信任。疏于管理的领导往往被这种人迷惑，表面看来，他跟客户关系相当不错，能摆平很多事情，可是实际上，公司失去的却远远超过他所贡献的。韩非子曾说："举事有道，计其入多，其出少者，可为也。惑主不然，计其入，不计其出，出虽倍其入，不知其害，则是名得而实亡。如是者功小而害大矣。凡功者，其入多，其出少，乃可谓功。今大费无罪而少得为功，则人臣出大费而成小功，小功成而主亦有害。"

（6）推脱责任的人。利益一定要争取，遇到事情，却不愿意承担任何责任。使尽浑身解数为自己找理由，找借口，恨不得把死的说成活的，把白的说成黑的，目的只有一个，即此事与我无关。

2003年，微软公司的一个内部"蛀虫"被捕。这个名叫理查德·格雷格的员工通过微软内部的购买系统，低价购买并转售了价值1700多万美元的软件，自己从中侵吞差额利润。

25岁的李方林，大学毕业后经熟人介绍到合肥一家私营企业工作。由于是熟人介绍来的，公司领导对其比较信任，让其负责为客户办理按揭贷款和保证金缴存等重要事务。工作一年后，李方林开始利用公司管理上的漏洞（公司对其没有具体的报账要求），将单位委托其存入银行的客户保证金私自取出占为己有，甚至有时候根本不把客户保证金存入保证金专用账户而直接侵吞。短短一年多的时间里，李方林侵占公司客户的保证金达32万余元。虽然李方林因职务侵占罪而受到了法律的惩处，但公司却遭受了很大的损失——32万余元的客户保证金被其挥霍一空，其家人也无力为其偿还。

"加大监管力度，深挖销售仓管用人'蛀虫'，用人坚持有德，欠经验应培养，无德有才不用，有德有才重用；拨正销售方向，杜绝急功近利短期行为，掌控市场主抓广告堆头促销，拉动买者带动卖者促进销量。"这是2008年椰树集团的春联。

由此我们看出，企业内部的"蛀虫"已经不是捕风捉影的事，而是实实在在摆在管理者面前的一个棘手问题。

贪婪是人性的弱点，在利益的驱动下，总有人愿意铤而走险。无独有偶，去年全球第二大零售业巨头家乐福集团也在中国掀起了一场内部的反腐风暴。从2007年6月25日至8月1日，家乐福北京CCU及7家门店进行调查。经查，包括12名供应商在内的22名人员被北京警方传唤，其中8名家乐福经理被警方正式拘留，被拘留的原因是涉嫌收受供货商贿赂。在国内零售业，采购领域的灰色交易一直大量存在且极难根除，下至收货处的保安、收货员，上至采购员、店长，都不同程度地涉嫌灰色交易。

不同的岗位，存在不同的"蛀虫"，企业的"蛀虫"除了前面提到的仓管"蛀虫"、采购"蛀虫"外，还有财务"蛀虫"、销售"蛀虫"、用人"蛀虫"、生产"蛀虫"等。"蛀虫"的存在方式是多样的，"蛀虫"的敛财手段也日益高明。

俗话说，千里之堤，溃于蚁穴，那么企业该采取什么样的措施才能有效预防内部腐败呢？

（1）加强监督检查。监督检查是企业对其内部控制的健全性、合理性和有效性进行监督检查与评估，是实施内部控制的重要保证。主要包括建立持续性监督检查、专项监督检查、自我评估、改进措施等。

还要强化企业内部稽核和内部审计。提高对内部稽核和内部审计的认识，加强考核、监督、制约机制。内部审计是强化内部控制的一项基本措施，内部审计工作的职责不仅包括审核会计账目，还包括稽查、评价企业内部控制体系是否完善和企业内各组织机构执行指定职能的效率，从而保证企业的内部控制体系更加完善严密。

（2）重奖重罚制度，贯穿企业管理的方方面面。"重奖重罚"不但会激发广大员工、科技工作者和经营管理者的工作积极性、创造性，同时也激发了员工们对监督工作的热情，真正地做到了"奖到人心动，罚到人心痛"。许多案件的揭发都来自员工的举报，对举报人实施"重奖"的措施，是揪出"蛀虫"的有力手段。"重罚"在一定程度上对那些"蛀虫"也起到了震慑作用。在制度建设上，"出现问题先重罚，罚出制度完善"，这对于完善制度，细化管理起到了极大的促进作用。

（3）"事后追究"机制。在建筑行业，设计和施工对建筑物的责任是终身制的，"事后追究"机制有利于企业中每个人都必须对自己的行为负责，有效地防止那些弄虚作假、欺上瞒下等行为，对于那些想捞一把的人来说是沉重的打击。

（4）"要事业，不要人情""工作上讲原则，生活上讲朋友"。在用人问题上，不讲人情，不讲朋友，坚持"一重用，十不用"的用人原则，把好"选人、用人、励人"三道关。针对一些特殊岗位实施特别管理办法，如财会等关键岗位员工实行轮岗制衡；对掌握重要商业秘密或核心技术等关键岗位员工的离岗有限制性规定；对易腐关键岗位（如采购、营销等岗位）实施重点防范等措施。

"蛀虫"虽小，影响甚大，过去国企体制障碍限制了管理制度的顺利实施。随着企业的改制，企业改革不断深化，给各项制度的实施扫清了障碍，使得"蛀虫"的生存空间越来越小，但是防治"蛀虫"工作是长期的，要常抓不懈，让"防蛀"成为一种常态，谨防"蛀虫"滋生，同时通过健全企业内部控制制度，增强企业的"防蛀"能力，让企业根深叶茂、蓬勃发展。

所谓执行力，就是一切按流程办事

任何组织或者个人，要想执行到位，就必须重视流程的作用。如果没有制定出可行的流程，执行工作就无法到位。很多工作执行不到位，就是因为不按照流程办事造成的。

微软中国研究开发中心一位部门经理曾经对媒体举了个例子。有一次，他乘坐的飞机在深圳机场出了故障，乘客被告知这个航班将换一架正从外地赶来的飞机，可此时乘务员已经超时飞行了。怎么处理这个"超时"？

深圳方面做不了主，便频频请示北京航空总局，时间被一拖再拖，机场一片混乱。这位在美国工作了10年的经理评价说："这明显是缺乏办事流程。"乘务员超时飞行是个老问题，在国外，这类事早写到规章制度里了，"一二三四五，照着条文上写的办就是了，不管谁当班都能处理"。我国这里却是"乘客和航空公司都急得团团转"。

　　其实，用不着在美国待10年，只要与西方企业打几次交道，对他们那种"按流程办事"的做法就会有所体验。这种体验有时还相当强烈，因为对方的某些做法所表现出来的"流程意识"，几乎到了刻板的程度。一个会议日程表，能把从起床到就寝的所有时间段安排得滴水不漏，连早上有"电话叫醒"，10分钟休息在哪儿活动这样的细节都打印在表格上，而且执行起来绝不走样。两年前笔者随大中国区记者团采访Sun公司总部，时间表上写着9点钟开会，当时不少记者还在吃饭，人家已宣布"现在开会"了，一看表，一分钟也没等。有人把这种现象叫作"文本文化"，即把要做的事情一律形成文字，而且写下来就要照着做。

　　有人会不以为然，认为按照流程的条条框框做，是自找麻烦，把一件简单的事情做复杂了。那么大家有没有想过，这些条条框框是如何来的呢？难道制定流程的人，是为了给大家制造麻烦才这样要求的吗？

　　举一个交通上的例子，交通法规有两个非常明确的规定：严禁超载和疲劳驾驶。这两条规定从何而来？事实上是从历年的重大交通事故调查数据中总结出来的。

　　即使是已经执行了多年，现在打开电视和报纸，仍然经常看到由此原因导致的交通事故，且不说造成的经济损失，就是人员伤亡，让亲友如何承受？交通法规是因为它事关人命，所以需要人人严格遵守；而工作流程事关工作开展，这是组织的灵魂，所以也需要人人遵守。如果编制的流程在某些地方确实不合理，它也不是一成不变的，而是可以按照适当的程序进行改进的。但是在改进的版本未发布之前，就要按照原有的要求执行，而不能以其需要改进为由不操作，否则不就是有法不依了吗？这叫作尊重流程。

还有人说，流程是把人僵化了，但是实际上不是流程僵化了人，而是人在理解流程时把自己僵化了。理解了流程产生的背景，还要理解流程要求的每一步为什么要这样做，而不是那样做，这就要充分了解流程的目的。

原因就在于我们大部分人，执行观念不强，不尊重流程。即使人人理解了流程的内涵，也不能保障每个人都这样做。

事实上，设定流程的最终目的是为了提高工作效率，提高管理水平，从而节约管理成本。

建立流程有以下几点好处：

（1）使得工作有序进行，不致杂乱。

（2）在工作出现错误时，可及时分析出是哪个环节发生了问题。

（3）由于每一个流程中的节点都有相应的责任人，所以很容易就可以找到相应的责任人。

（4）在员工进行流动时，不至于因员工的流动而使得工作进度缓慢。

（5）可实现"傻子工程"，因为有了很详细的流程，所以新员工在入职以后，只要认识汉字，按照流程操作，就没有问题了。

"按流程办事"作为系统封闭的一整套管理制度，它更意味着企业运行的基本环节被控制在一种"秩序"之中。一个被"过来人"重复了千百遍的经验是：企业起家时靠冲劲靠灵气，成熟后靠规范靠制度。

说起缘由，最常见的解释是企业规模的变化导致管理模式的变化。创业阶段只有十几个人、七八支枪，老板不过是个班排长的角色，指挥起来得心应手；待发展到成百上千人，攒下成千万上亿元的家私，企业运行的复杂性就超出老板个人的控制力了。这只是一个理。还有一个也许是更重要的理——企业运行由创业时的"非常态"进入了"常态"。对于企业家来说，区分企业运行的这两种状态是非常重要的。处置非常态的事件要靠风险决策，而处置常态事件则可借助于他人或自己以往的经验。这些经验用"文本"固定下来，就成了企业的流程了。

但随之问题也出现了，企业内部流程过于烦琐和复杂往往成为高效执行的主要障碍，有时一个文件需要各个部门逐层审批，每个部门处理的时间只需要5分钟，但是在传递过程中耽误的时间却长达五六天，这不仅影响到执行者的耐性和执行结果，还会影响到企业的竞争力。

有一个例子很能说明问题。美国的办公设备生产巨头施乐公司一手创造并垄断了自动办公设备产业多年，它曾经发明了许多包括鼠标、图形用户界面、激光打印机在内的最具革命性的技术。

对于施乐公司的成就，《财富》杂志曾撰文评价说："施乐914型普通纸复印机是美国有史以来生产的利润最大的产品。"

但后来这家历史悠久的老牌企业效益一度下滑，差点被日本复印机制造商所淘汰，施乐公司悲剧产生的重要原因之一就是其庞大的官僚体制使得公司内部业务流程过于繁杂，不能迅速地提供资源使其先进的技术快速转化为现实生产力，从而阻碍了新技术产品的开发，失去了一次次的市场良机。

对于施乐公司这种突变，曾经担任过施乐公司顾问、被称为"有史以来对美国营销影响最大的人"——杰克·特劳特评价说："施乐的高层认为他们是一家成功的技术公司，很可惜人们只把它看作是一个复印机公司，仅此而已。"可见，烦琐的业务流程可以导致执行效率低下，对企业造成致命性的危害。

20世纪的70年代至80年代，美国人把流程问题重视了起来。当时美国的企业遭到了日本企业的狙击，竞争力逐渐下降。美国人就开始研究美国企业落后于日本企业的原因，结果发现本国企业的生产效率并不比日本低，技术上也不比日本企业差，产品质量上也相差无几，最后美国人发现导致两国企业出现差距的根源在于双方的业务流程不同。日本企业业务流程较为简明，这大大缩短了将一项技术变成产品、把产品推向市场的时间。美国人在认识到这一差距之后，才真正开始重视流程问题，为了保持流程的连续性，企业开始打破部门之间阻碍流程运转的界限，消除不同部门各自为政的现象，简化业务流程。

反观中国的企业，大多没有竞争力，执行力偏低，在很大程度上与业务流程的繁杂有关系，业务流程繁杂问题得不到解决，即使投入再多的硬件和人力，执行力也无法得到提升。

尤其对于规模迅速膨胀的大中型企业而言，由于业务量大而且内容复杂，部门也多，队伍庞大，分布广泛，同样的流程一天要重复十几次、几十次，这个环节慢一些，那个环节漏一点，到最后一个环节的时候，问题就会像"雪崩"一样，变成巨幅震荡。

流程问题会影响工作效率，尽管员工天天加班，手忙脚乱，也是错误百出，企业的各项计划常常落空，甚至还会出现资产上的损失。一般来说，越是大型企业越容易出现流程烦琐的问题。

优化流程可根据企业的实际情况采取以下三种方式：垂直工作整合、水平工作整合和工作次序最佳化。

（1）垂直工作整合。它是指给予员工充分的信任，适当地给予下属员工自愿自主处理事情的权力，不必凡事都要层层汇报、层层审批而影响到问题解决的效率。这样，可以锻炼员工的现场执行力，使其创造性地开展工作。

（2）水平工作整合。它是指将企业分散的资源加以集中，或将分散在不同部门间的相关工作整合成一个完整的工作交由一个部门或一个人负责，这样可以减少人员之间或部门之间沟通的时间，还可以明确工作的责任人，提高员工的责任感，避免出了问题之后互踢皮球的扯皮现象。

（3）说工作次序最佳化。它是指做任何事情都是有先后顺序的，但ABC与BAC的效果肯定有所不同。这就需要利用工作步骤的调整，达到流程次序最佳化，提高效率节省成本的目的。

总之，优化流程的一个重要理念就是业务判断理性化、知识化，一般业务常规化，甚至自动化、傻瓜化，从而减少执行层人员的要求，提升执行的效率。

最后补充讲一下，员工在工作中应该养成优化个人工作流程的好习惯，也就是要按照正确的步骤做事。管理学家的研究表明，依照以下步骤做事，可以获得事半功倍之效。

（1）接受工作指示或命令。一般员工做某一工作时，会接到上司的工作指示。这时候，不能只听上司所交代的，还要明确地掌握住工作目的才行，所以，员工要深思的事情有：工作目标是什么？为什么必须达到这个目标？何时达到？如何做会更好？

（2）收集有关的资料、情报。即收集与工作的计划、执行等相关的文件、资料、情报，而且对于情报的选择，要有判断。

（3）考量工作的步骤与方法。越是需要花长时间工作的事情，越需要依照工作的步骤与流程来做，这样才比较有效率。

（4）决定工作的步骤与方法。不妨从所拟定的几个方案中挑选较合理的，决定时应该考虑到"更早、更好、更轻松、更便宜"这几项因素，再做筛选。

（5）制定行事表。

（6）实施时须留意。确实依照所计划的步骤和方法去做；很有自信地去执行；时时审核实际进度和预定计划的差距，必要时修改所定计划。

（7）检讨与评估。从品质、期限、成本等层面，将工作的结果和当初的计划做一比较，如果不能达到预期结果，就应该找出其原因。

（8）做完后，向上司报告结果。

像这样按步骤来完成工作，那么，执行到位就是一件很容易的事了。

干好每一件小事，注重每一个细节

什么是细节化管理？细节化管理的最基本特征就是重细节、重过程、重基础、重具体、重落实、重政策，讲究专注地做好每一件事，在每一个细节上精益求精，力求取得最佳效果。

细节化管理的具体设计是：一要创新管理机制，推进节约集约、合理保障的细节化；二要创新管理方式，推进依法监管、严格执法的细节化；三要创新管理理念，推进维护权益、服务社会的细节化；四要创新管理手段，推进基层建设、基础管理的细节化。

从细节上强化管理。以"干好每一件小事，注重每一个细节"为主题，组织员工对日常工作行为进行自查、梳理，找出工作中容易忽视的问题和薄弱环节。从内部环境、办事流程等各方面查漏补缺，提出改进措施。在创新方面，推行创新工作项目细节化管理，细化每个工作步骤，分解各个环节任务，责任落实到科室和个人。

从细节上优化管理。以形成长效管理机制为目标，健全责任制、过错及投诉追究制、评价制等制度。

通过建立细节化管理的运行体系，制定全覆盖、多层级、高标准的目标体系，细化各项制度、工作流程和操作规范，以细节的精细化实现整体细节化管理，通过严格执行、监督、考核、奖惩，充分发挥员工的积极性、主动性和创造性，实现工作效率和工作实绩的最大化。

据说海尔集团出名后，每天都要接待众多参观学习者。大家认为海尔的管理制度相当出色，既细致又有创意，很多人边参观边写笔记，把所见到的各种制度宣传牌拼命摘抄。张瑞敏知道后，叫人给每位参观者一本海尔制度手册。

张瑞敏是明智的。成文和制度本来就必须公开，想防抄袭太难了，不如大度些，反而更有利于企业美誉度的提升。有完善制度的企业屡见不鲜。日益精密的制度体系，意味着企业管理层认识到了细节的重要性。但认识到细节的重要性就能使企业兴旺发达了吗？张瑞敏说，制度可以抄袭，但执行力不可以抄袭。所以很多人拿了这套制度回去，成功运用的却没有几个。

注意到细节后，还要有坚定的执行力。不可抄袭的细节执行力就是核心竞争力，它使一个企业在竞争中立于不败之地。

这是一个并不缺乏雄心的年代，但缺乏对细节的注重，更缺乏对细节的执行。

利澳·克鲁尼橱柜作为一个源自意大利的知名品牌，拥有悠久而光荣的历史。这段历史就是一个细节执行的历史。借用中国一句老话，"不积跬步，无以至千里"。利澳·克鲁尼之路，就是坚实地踏出每一小步积累出来的。

利澳·克鲁尼认为，细节执行力的决定因素有以下三个方面：

一是细节执行的意愿。利澳·克鲁尼橱柜有一位烤漆大师傅，技术很好，但却有个不良习惯——爱穿拖鞋进烤漆房。主管知晓此事后，虽然珍视人才，却也在原则上毫不退让，最终彻底地改正了他的坏毛病。诸如此类的小细节，在利澳·克鲁尼的管理实践中从不妥协地执行着。细节执行的时候会有个得失问题，敢不敢于失去是一个问题。意愿越强烈，决心越大，越敢于失去旧的、错的、次要的，才能拥有新的、对的，收获主要的。

二是细节执行的能力。这是一个人才和方法的问题。利澳·克鲁尼橱柜始终重视管理人才的选拔和培养。选拔有细节执行力的人才，并不断培养提高他们这方面的能力；同时制定适应的制度，提炼可行的方法，交给有细节执行能力的人。比如利澳·克鲁尼的业务精英队伍，经常进行体验式学习，老业务员也不例外。通过角色转换扮演，发现细节上的成功和失误，锻炼驾驭细节的能力。

三是细节执行的环境。天大的意愿和能力，在一个不正确的环境中运用，都将促成可怕的错误。在怎样的一个环境中，对什么样的人执行哪些细节？这就是管理的艺术。当然改造和创造某些必要的细节执行的良好环境，本身就是高层管理人员的重要工作。

锤炼企业的细节执行力，应该成为每个企业获取核心竞争力的必由之路。企业的核心竞争力就是细节执行力。

第9章
"把权力授予下级"的管理技巧

要想调动下属积极性，就必须坚决授权

领导者是部门的行政长官，处于部门中心地位，在权力的运用上，应做到大权独揽，小权分散。任何领导者，对那些全局性的、重要的、关键的、意外的问题必须亲自处理，对那些局部的、次要的、一般的、正常的工作，则尽可能地让下属去处理。如果领导者做工作不讲科学，一味蛮干，虽然忙忙碌碌，但到头来很可能"捡了芝麻，丢了西瓜"。古今中外领导者在集权和分权问题的处理上，留下了许多经验和教训。

西汉丞相陈平，有一次皇帝问他"全国一年判决多少案件，收多少钱粮？"他回答"这些事，可问主管部门。丞相只主管群臣，不管这些事。"

日本松下电器公司在集中统一领导下的分权管理，曾被美国人誉为"东洋魔术"。松下电器公司从1932年起实行"产品

分类事业部体制"，以后又不断完善这种体制。

在这种体制下，各事业部有极大的经营管理自主权，在规定资金使用范围和获得利润额的条件下，对所管产品的开发和人、财、物与产、供、销有权自主经营，全面管理。总公司不干涉事业部部长的正常工作，这样就大大激发了事业部的积极性。

当松下电器公司开始制造电热锅时，东芝公司的电热锅早已独占鳌头，雄踞市场。此时，按常规的办法，就会利用别的产品的利润来补偿电热锅的生产，以促进它的发展。可是，松下电器公司却与众不同地把它从原来的电热器事业部中分离出来，成立了一个独立的事业部，使得电热锅事业部不得不绞尽脑汁，苦心经营，以图生存和发展，这样分的结果，终于使松下电器公司的电热锅占有了50％的市场份额。

诸葛亮被后世誉为智慧和聪明的化身，但他的致命弱点便是"政事无巨细，咸决于亮"。他为了报答刘备的知遇之恩，完成先帝的托孤之重，"寝不安席，食不甘味"，"夙夜忧叹"，终于积劳成疾，只活了54岁就谢世了。连他的对手司马懿也曾预料到"食少事烦，岂能长久？"后人在推崇他"鞠躬尽瘁，死而后已"的忘我精神和运筹帷幄的超人才华之余，又对他事必躬亲的作风不胜惋惜。

把大小事情都自己包揽起来，日夜拼命干的领导者，一方面自己忙得团团转，甚至像诸葛亮那样累死，而另一方面，下属被夺去了应有的权力，其积极性大受挫伤。《韩非子》中"乐池用门客"的故事就是一例。

中山国相国乐池，奉命带领百驾车出使赵国，为了管好队伍，他便在门客中选出一个能干的人带队。走到半路，车队不听指挥乱了行列，乐池责难那个门客说："我认为你是有才能的人，所以叫你来领队，为什么弄得半路上就乱了阵脚？"那门客回答："你不懂管理技术，要管好队伍，就要有职有权，能根据各人的表现对他实行必要的奖惩。我现在是下等门客，你没有授给我这方面的职权，出现失误为什么要怪我呢？"

所以，领导者要腾出精力、时间抓大事、想全局，就必须使用分权术，要想调动下属的积极性，就必须坚决授权。授权，用一句通俗易懂的话来说，就是领导者将应属于下属的权力授给下属，对领导者来说，授权是应该掌握的一项基本的领导技能。

灵活运用授权的七种方法

美国著名企业家、国际出租汽车公司总经理罗伯特·汤森德曾举例说明应如何授权。面临有一份合同需要重新签订，有两个竞争厂家，一个是老主顾，一个是新客户。

该经理应如下授权：一是物色一个人，把签订合同的权力给他，让他全面负责谈判。二是把合同中各项条款的最低和最高要求写在纸上。三是给有关专家几天时间，讨论一下你所提出的要求，然后把意见汇总，反复修改，最后重新写出来。四是让谈判人守在电话机旁，你给每个厂商的最高领导打个电话，寒暄几句后就说"我已决定让某某去谈这份合同，无论他提出什么意见，我都同意，一切由他拍板，我的要求是三十天内签好合同"。

领导者授权的方法有：充分授权法、不充分授权法、目标授权法、弹性授权法、制约授权法、引导授权法、逐步授权法等七种。

1.充分授权法

该方法适用于工作重要性比较低，而且工作完成与否不会导致全盘工作失败的组织，也适用于系统管理水平较高，各子系统协调配合等诸种情况较好的组织。领导者在充分授权时，应允许下属自行决定行动的方案，并将完成任务所必须的人、财、物等权力完全交给下属，并且准许他们自己创造条件，克服困难，完成任务。

充分授权能极大地发挥下属的积极性、主动性和创造性，并能减轻主管领导者不必要的工作负责。因此，凡能充分授权的，领导者应尽量采用这种方法。

2.不充分授权法

凡是在具体工作不符合充分授权的条件下，领导者应采用不充分授权的方法。

在实行不充分授权时，领导者应当要求下属就重要性程度较高的工作，在进行深入细致的调查研究的基础上，提出解决问题的全部可能的方案，或提出一整套完整的行动计划，经过领导者的选择审核后，批准执行这种方案，并将执行中的部分权力授予下属。

采用不充分授权时，领导者和下属双方应当在方案执行之前，就有关事项达成明确一致的要求，并以此统一认识，保证授权的有效性。

3.目标授权法

所谓目标授权法是领导者根据下属所要达到的目标而授予下属权力的一种方法。领导者授权的目的，是通过授权激励下属去实现组织的目标。

这是因为，任何组织都有自己的发展目标，这些目标的实现绝不是领导者个人所能完成的。领导者只有将组织的总目标进行必要的分解，由组织内部的各个管理层及部门的所属成员都分担一部分任务，并相应地赋予一定的责任和权力，才能使下属齐心协力，共同奋斗，努力实现组织的总目标。领导者如果按照组织目标进行授权，那就可以避免授权的盲目性和授权失当的现象发生。

4.弹性授权法

弹性授权法是领导者面对复杂的工作任务或对下属的能力、水平无充分把握，或环境条件多变时而采用的。在运用这种方法时，领导者要掌握授权的范围和时间，并依据实际需要对授给下属的权力，予以变动。

例如，实行单项授权，即把解决某一特定问题的权力授予某人，随着问题的解决，权力即予以收回；实行定时授权，即在一定时期内将权力授给某人，时间到期后，权力即刻收回。这种授权方法有很大的灵活性。

为避免引起下属误解，实行弹性授权或改变授权方式时，领导者应当对下属做出合理的解释，以取得下属的理解。

5.制约授权法

当工作性质极为重要，或工作极易出现疏漏时，领导者不应采用充分授权法；或领导者管理幅度大，任务繁重，无足够的精力实施充分授权时，可采用制约授权的方法。制约授权是在领导授权之后，在下属之间形成相互制约的一种授权方式。它是领导者将某项任务的职权，分解成两个或若干部分并分别授权，使它们之间产生相互制约、互相钳制的作用，以有效地防止工作中出现疏漏。

6.引导授权法

领导者在给下属授权时，不仅要充分肯定下属行使权力的优点或长处，以充分激发其积极性，而且也要指出他的缺点或问题，希望下属在工作中克服和避免。同时还要进行适当的引导，防止偏离组织的工作目标。但这却不是横加干涉，而是支持下属工作，帮助解决问题，特别是在下属发生工作失误时，领导者更应当善于引导，帮助纠正失误，决不能施加压力，或恶意苛求。当然，领导者发现下属确实不能履行权力时，就要采取果断措施，或收回权力，或派人接管，以避免组织遭受更大的损失。

7.逐步授权法

领导者要做到视能授权，在授权前就要对下属进行严格考核，全面了解下属成员的德才情况。但是当领导者对下属的能力、特点等不完全了解，或者对完成某项工作所需的权力无先例可参考，就采取见机行事、逐步授权的方法。如先用"助理""代理"职务等非授权形式，试用一段时间，以便对下级继续深入考察。

当下属适合授权的条件时，领导者才能授予他们必要的权力。领导者这种稳妥的授权方法，并非是要权责脱节，而是最终要使两者相吻合。

总之，领导者实行授权，应该根据实际情况，决定授权方法。但是领导者无论采用哪一种授权方法，都应具体问题具体分析，使授权真正围绕组织的工作目标的实现来进行，以达到授权的目的。

成功授权的四个步骤

领导者要恰如其分地授权，还要明确授权的过程以及授权过程中应注意的问题。它包括物色好授权对象，明确授权的内容，选择授权方式以及授权之后的交代四步。

第一步，物色好授权对象。

权力授给谁，领导者要考虑的因素很多。首先要考虑的当然是授权对象的思想品德和工作能力，这在选才用人中已有详细论述，这里着重讲的是授权对象愿意不愿意接受领导者授予的权力。下属对领导者授予的权力，并非都会欣然接受。应当明白，下属也是人各有志，不可勉强。领导者勉强授权，很难取得成效。前几年的机构改革，有一批专家、学者被选进党政机关，分别授予领导党、政、财、文的权力。由于他们一方面并非都懂得行政领导，另一方面有些专家、学者不愿意放弃原来的专业，改行从政，结果有些人陆续辞去了行政领导职务，回到了原来的工作岗位。这就需要领导者把权力授予愿意接受权力的人。领导者要警惕的一点是不要让那些削尖脑袋、投机钻营的人，骗取权力，以达到其不可告人的目的。

第二步，明确授权的内容。

领导者向下属授权，必须明确哪些权力可以下授，哪些权力不能下授。领导者的权力保留多少，要根据不同任务的性质、不同环境和形势以及不同的下属而定。就一般情况而论，领导者应保留事关区域、部门、单位的重大决策权；直接下属和关键部门的人事任免权；监督和协调下属工作的权力；直接下属的奖惩权等四个权利。这些权力属于领导者本人工作范围内的职权，不能下授。除此之外的许多权力，可视不同情况灵活掌握。大体说来，凡是分散领导者精力的事务性工作，上下都可支配的边界权力，以及因人因事而产生的机动权力等都可以下授。从当前机关、学校、企业、商店的实际情况看，将权力授过者甚少，抓住权力不愿下授者较多。因此，各级领导者应该研究授权艺术，把应授的权力授予下属。

第三步，选择授权方式。

一般说来，授权方式主要有一般授权与特定授权，书面授权和口头授权，正式授权和非正式授权几种形式。

特定授权是指领导者对某一特定的下属，给予十分明确的工作、职责和权力。特定授权又可称为刚性授权或制约授权。这是指领导者对下属的工作、责任、权力均有明确的指定和交代，下属必须严格遵守，不得失责。

一般授权是指领导者只授给下属一般的权限，无特定的指派。一般授权有柔性授权，模糊授权，惰性授权三种做法。柔性授权，又称弹性授权。领导者对下属仅指示一个大纲和轮廓，使下属能因地制宜地处理问题；模糊授权中领导者一般只说明工作范围和事项，提示所要达到的目标，下属有很大的自由度去选择完成任务的具体途径；惰性授权是指领导者把自己不愿处理的纷乱琐碎的事务交给下属去处理。

口头授权是指领导者对下属用语言宣布其职责，或者依据会议所产生的决议口头传达。这种方式不适于责任重大的事项，因为它会造成职责不清、互相扯皮、玩忽职守等弊端。

书面授权是指领导者颁布正式文件或文字指令，对下属工作的职责范围、目标任务、组织情况、职级职等均有明确的规定。

正式授权是指依据法律和有关规定授予的权限。即工作人员依据合法权限所得到的职位。大多数授权均属此种类型。

非正式授权是法律规定以外或组织机构以外的权力运用，情况较为复杂。

第四步，授权之后的交代。

无论哪种方式的授权，领导者都要进行交代。交代是授权双方权力转让的一种沟通方式。能否实现授权目的，领导者交代情况是重要的影响因素。

授权时，要选择合适的场合并创造融洽的气氛，使授权活动既显得庄重又充满热情与和谐。领导者通常容易出现在极不严肃的场合，如酒席宴上、娱乐场所授权和领导者的表情过于严肃，令下属有惶恐不安之感两个毛病。

授权交代最好在办公室，尽量减少外界干扰。领导者的语言力求明白准确，不能含糊其辞，更不能朝令夕改，使下属始终朝着一个目标前进。

授权交代的成功与否，取决于双方沟通的结果。如果领导者采取居高临下的态度，就会使下属紧张，而心情紧张是不能很好地领会授权意图的。

做好授权后的控制

领导者进行明确授权后，其主要职责就是进行有效的控制，即要牢牢地掌握总目标，放手不撒手，对下属应多用指导。

领导者授权的全部目的，就在于激励下属为实现组织的总目标而分担更多的责任。现代的任何组织，无论是企业、事业、商店、学校、机关、团体以及军事单位，都是一个多因素、多层次的有机整体，整体与局部、整体与环境、局部与局部之间都有着密切的联系，任何局部出现偏差都会妨碍组织总目标的实现。领导者的根本任务是要保证组织总目标的实现。因此，授权以后的领导者，就要把精力主要放在议大事、掌握全局上，时时综观全局的各个过程，及时掌握变化中的新情况，发现领导决策和执行中出现的偏差、矛盾和问题，并对可能出现的偏离目标的局部现象进行协调和纠正。

下属有了职权之后，计划如何制订，工作如何安排；任务如何完成；派谁去完成，这些都是下属分内的事，领导者不宜再去过问。领导者要过问的是下属的目标能否如期或提前实现。领导者要善于发挥导向作用，根据形势的发展，为下属提供切合实际的观点、方法和措施。要多协商，少强制；多发问，少命令。领导者要大力支持其工作不要强迫下属做力所不能及的事情。

领导者的授权，是让下属分担责任，要放手让他们对各自职权范围内的事进行决策和处理，只有当下属之间不协调或发生矛盾时，领导者才应出面解决。但授权不是让权，授权以后领导者照样负有全部责任，不能撒手不管，任其自流。如果领导者授权是图省事，享清闲，自己当"甩手掌柜"，那就错了。领导者在其位，就要谋其政，行其权，负其责。

避免六种授权失误

领导者授权容易犯截留式的授权；牧羊式的授权；空头支票式的授权；完美式的授权；遥控式的授权以及无反馈式的授权等几种毛病。

1.牧羊式的授权

是指领导者在授给下属权力后，像牧羊人放羊一样，一切听其自然。这种看似给下属以完全自由的做法，实则滑入了放任不管的泥坑。

2.截留式的授权

是指领导者在授权时总是不适当地担心下属会滥用权用，或者认为完成那项任务不需要那么多的权力，因此在授权时，往往不授给完成任务所需的全部权力。

3.空头支票式的授权

是指领导者名义上将权力授予下属，但实际上却千方百计地阻挠下属运用已授予的权力。这类授权只不过是有名无实的空头支票。

4.完美式的授权

是指领导者在奢求十全十美心态的支配下，总是借口为防止下属发生失误而过多地限制下属的行动，他要求下属不能有任何工作失误。

5.遥控式的授权

是指领导者混淆了对下属开展工作实施建设性的、积极的监控与放手让下属开展工作之间的界限。

6.无反馈式的授权

是指领导者无意于亲自建立和实行有效地对下属开展工作的反馈控制。这种无反馈式的授权使领导者既不能及时获得各方面的最新信息以便修订本部门的发展战略、策略，也不能使领导者根据各种变化，积极地、有效地指导下属的工作。

授权应具体而且正式

关于成功授权有一个不变的主题：先计划好时间，以免将来浪费时间。或者说是：与其以后你不断抱怨，不如现在你将它们解释清楚。授权会议是体现这些警示最佳的方式。

有些经理在准备授权时，有很好的意向和构思严密的计划。他们对工作进行分析，挑选出正确的任务进行授权，制定非常实际的工作目标，并将这些目标分配给合适的员工。但是，这些很好的准备工作却被后来的行为破坏殆尽。原本与员工一起花上足够的时间开一个授权会议是十分关键的，但有些经理却草草说几句，员工们糊里糊涂，不知道自己该干什么。

授权的前期准备工作做得很到位，却由于对授权的正式性、严肃性不够重视而前功尽弃。

不要急急忙忙地授权。走廊上漫不经心的讨论和嘈杂的会议室不是一个足以传递授权重要任务的场所。应该安排充足的时间来安排授权，理想的选择是在办公室认认真真地举行一个授权会议。讨论和提问时间要充分。有时一个重要的授权会议可能需要1小时，就是分配一个简单的任务，也要10分钟，不要想当然地认为，员工能很容易地领会，你应该向他们解释清楚。如果因为你没有传递充分的信息而使员工没能很好地完成任务，那么责任在你。所以，授权必须是一件很严肃的事，应该谨慎对待。

授权的第一步就是计划授权会议。你必须在授权会议开始前认真考虑整个授权过程。也要清楚了解：如果员工被授权从事这份工作，他们需要得到什么支持、资源甚至权力，同时应预测员工们会遇到什么样的问题和困难。一旦你准备召开授权会议，请参考以下所列的5个步骤。

1. 表明目标

清楚地向被授权员工表达你要求达到的目标，只有在有清晰的目标时你才开始行动，当你明确这些目标后，将它们写下来。用最多的20个字将项目目标陈述清楚，包括可衡量的成绩标准。如果你觉得写不下来，就重新分析这个授权，将它最小化和具体化。定期地让自己和员工反复重温这些目标。如果它是一个很小的任务，简单复查一两次就足够了。但一个为期6个月的项目可能会需要每个月都进行复查，以确保这些目标仍然可行。复查这些目标可以避免工作中产生的困惑。不要过分强调遵循固定的工作方法，这样将给员工们太多限制，并会削弱授权的影响力。用不着教他人怎样做事情，只教他们去做什么。而他们将用创造力来给你惊喜。你所表明的目标是双方对一个客观成绩的认同。

下面是两种不同的授权方式，你可以看出两者的差异：

第一种方式："罗斯，将这些人事调整报告以公函形式复印500份，发给各店铺经理。马上就给我去干。"

第二种方式："罗斯，公司的销售网络包括500个店铺，而我想尽快地通知各店铺经理有关公司的人事调整情况。我希望你能够处理这项工作，你能不能考虑一下，并且在半个小时之后和我进行讨论？"

罗斯可能会让你大吃一惊。她可能会建议你同时把即将复印的公司新闻通报备忘录也发给经理们；或者她会认为唯一可行的方式是发给经理们500份表格式信件；可能她不知道该如何完成这个任务。很好！你现在有机会教她两件事：第一，给500个人传递信息，有很多种不同的方法；第二，你在授权她去做这份工作时会不断需要她的主意和帮助。

2. 设定时间表

如果被授权员工认为无法按期完成任务，在允许的情况下，你应和他一起制定出更可行的时间表。允许员工制定他们自己的时间表比他们被动授权要好。如果被授权的人能够自行决定任务的时间安排，将使他们对面临的任务有更强的使命感。

但是，情况有时候确实需要你来制定完成时限。要确保授权员工明白该项工作中有哪些任务应该优先处理，也要让他们明白不是你授权的每一件工作都必须优先处理。当然，明确时限是必要的，要避免像"任何时候你完成都行"和"那就下个月的某个时候吧"之类的表述。一定要建立一些汇报程序，以使自己能够监督工作进程。此外，还要建立必要的复查机制，这样做可以给被授权者一个关注日程中其他任务的机会。对于一个简单的任务，一两次复查就足够了。复杂任务则要求举行有具体议程的例会，以及制定整体任务进程中各分步的时限。告诉被授权者，如果没有充分的理由，所有的检查时间和最后完成时间是不能变更的。

3. 分配必要的权力

无论你何时分配工作，你都应该给员工执行工作的足够权力，应让每一个被授权员工了解你赋予了他权力，尽可能将你的员工介绍给予任务相关的人士，包括上司、同事和支持人员。你应明确被授权员工现在有足够的权力来完成这项任务，并且让他知道你期待他能够解决工作中的所有困难。

4.明确责任分担

将一项任务完整地授权能够提高被授权者的兴趣和成就感。在每个授权中让自己对员工们充满信心。如果对某个员工没信心你就不应该授权给他。

明确被授权者对任务所负的责任有助于两件事：一是让员工知道这已经是他们自己的事了，他们须对工作结果负责；二是给他们的工作形成了一种正面的压力和动力。

因此，授权时你应强调被授权员工可自由地做出与工作相关的决定。

5.授权任务必须被彻底接受

被授权员工必须明确承诺接受分配的任务并将为之努力，你需要的不是被强加的接受。你同时需要他们对所设目标和完成时限的接受。或许你最好与被授权者一起将目标和时限记下来存档。

当你浏览了一个授权会议中所需要做的一切之后，你会明白为什么人们要花时间来认真面对它。当授权完毕时，你应该确信，被授权员工应明白以下几点：

1.任务目标；

2.完成时限；

3. 实施任务的权力；

4. 所负的责任；

5. 任务结果的验收方法。

如果你只是很随便地授权或布置一项任务，就等于告诉被授权者这项任务不是那么重要，即便事实上很重要。相反，如果你认真严肃地举行了一个授权会议，你就给员工们传递了一个信息：这项任务对我们很重要。被授权者因此可能会给你肯定的反馈，并且认真负责地来完成它。

第 10 章
"对付问题员工"的管理技巧

留心夸夸其谈、光说不做的人

北京人都知道这么一句俗话："天桥的把式，光说不练"，靠的全是嘴皮子上的功夫。光说不做也是一些人的通病。领导一定要注意这样的下属，如果处理不好会说不做的员工，会助长他们懒散的行为，企业有什么效益可谈？

你经常会遇到这样一些人，他们夸夸其谈，也能经常引经据典，妙语连珠，他们总气势逼人，让你感觉到一种摄人心魄的压力；他们交友无数，时常会在各种场合认出自己的新识故交，而后寒暄良久；他们也能在大庭广众之下大声说笑议论，好像别人都已经不存在，虽然有许多人正在目不转睛地注视着他们；对于别人交给他们去做的事情，他们会信誓旦旦，又拍胸脯，又下保证，但转眼他们就会把刚才的保证忘得一干二净；他们极其关心社会公益事业，对不合理的现象也义正词严，但他们并不去想法制止，而是争取一切有利时机来表现自己；在你的眼中，他们是那么的伟大，而自己又是那么的微不足道，你甚至已经开始对他们顶礼膜拜；他们无所不能，无能不精，无所不在，但实际上却又无所事事。

作为一个部门的领导，你的下属中肯定有这样的人物：他们能够调动起他们周围的人群的兴趣指向，而后演说得唾沫乱飞，天花乱坠，大家甚至热烈鼓掌，齐声为他们叫好，你甚至也有点蠢蠢欲动。

但当你静下心来仔细思考的时候，却又发现即使你费尽力气穷搜记忆，你也找不出一件他们做成过的、值得人夸奖的工作，你甚至觉得，他们除了嘴皮上有点功夫之外，再不能给你留下任何好感。

但是，有时你仍然很羡慕他们，他们甚至拥有着比你更高的聚焦能力。你十分不齿于自己笨拙的口才，想从他们那里得到一点儿有利的东西，借以提高自己的口才。但实际上，他们一无是处。

如果你的下属有一个这样善于夸夸其谈的人，那么你还算幸运，因为你还有能力维持团体的原状；如果数量变为两个，那么你就要多费点儿神了，他们会趁着你稍微松懈的机会把整个办公室搞得一团糟。你得承认他们强劲的破坏能力。

这些说起来很容易，但真正能够做到确要颇费一番周折。

费仲、尤浑之于商纣王，高俅、蔡京之于宋徽宗，秦桧之于宋高宗，魏中贤之于明熹宗，前者都是以奉承讨好、溜须献媚而换得荣耀，他们嘴皮上的功夫自不必说；后者则恰恰都是被前者的花言巧语闭塞视听，远离事实和民意，弄得自己的天下一塌糊涂。因为这种情况而殃民亡国的君王不计其数。也有无数的君王曾在登基之初信誓旦旦地决心要以国事为重，吸纳视听，从谏如流，做出一番彪炳青史的事业，但到后来多数都成了专逞口舌之人的攀附物。唐太宗是个很开明的皇帝，但也差一点斩了魏征。

虽然你经营打理的不是一个国家（当然也不排除你因为拼搏努力成为国家领导人的可能性），但一样有可能被这样的人的外在表现所迷惑，进而使你的事业停滞不前。

现在，请你仔细地回想一下，你是不是存在这样的一个失误：你有无数个下属，你的注意力被一些平素有说有笑、善于表达自己的人所吸引，而那些平素沉默寡言、不喜欢外露的人则被你所忽略，而且在这个过程中，你似乎忘记了将更多的注意力投注在这两种人的实际成绩上！

如果你真的犯了这样的错误，那么你必须赶紧加以改正，工作成绩才是你和你所领导的下属团体存在的真正意义。

不要以为去辨别一个能够求实的和一个只知表现伶牙俐齿的人是一件很困难的事情，把工作交给那些你想辨别的人，仔细考察最终的工作成绩，你会很简单地得出结论。而且，为你提一个建议，如果你和你的下属都是勤于工作求成绩而又讷于表达的人，那么不妨在这方面多加练习，毕竟你们还要说服不信任你们的其他人。

对专以"拍马屁"为生的，请走人

办公室里常有那么一帮人，专以"拍马屁"为生，而且还具有相当技巧，拍起"马屁"来不显山不露水，让领导浑然不觉中上了他的当，最终受害的还是你自己。一名精明的领导要对专以"拍马屁"为生的请走人，不给他们机会，以免使公司、个人受到伤害。

的确有不少被奉承得昏了头的领导，把升迁制度变成了党派之分：谁对他毕恭毕敬、阿谀奉承，就等于佩服他，他就对之恩宠有加，大加赞赏和关爱。无疑，这种"领导人风范"更助长了阿谀之风的盛行。

明智的领导则不会这样做，他不会中这个圈套，他反而会十分鄙视和厌恶拍马屁奉承的下属。

而你自己，首先应当保持清醒的头脑。哪些是实事求是的评价之辞，哪些又是阿谀奉承之辞；在阿谀奉承之中，哪些人是出于真心而稍稍过分地赞美几句，哪些人又是企图通过奉承领导而达到自己的某种企图；哪些奉承之辞中含有可吸取的内容，哪些奉承话都是凭空捏造、子虚乌有等等，诸如此类。对于这些绝对不能糊涂。

领导如何对付阿谀奉承者，以下三方面权做参考：

（1）对待专门溜须拍马奉承领导而毫无工作能力的人，方法最简单——请君走人就是了。

当然，如果他确是无能之辈，也该让他走人。况且他还专善阿谀奉承，你周围有这么一颗不知何时爆炸的炸弹，你说你还会有多少好日子可过。所以，及时让他走人比什么都强。

（2）对于能力一般而又有些奉承爱好的员工，最好给他找个合适的位子，让他闲待着算了。

这类人不好简单辞掉，因为他还有一定能力。也不可委以重任，因为他不仅能力平庸，还爱溜须拍马，委以重任的话，迟早会坏了你的大事。在你的单位中要做到人尽其才，不光指有效地利用人才，也指使用这些能力一般而又有某些毛病的人。这类人有的时候还为数不少，是一支不可忽视的力量。

对于这类人要注意批评教育并采用不同的方式方法。要耐心，不能急于求成，这种毛病的养成不是一朝一夕的事，改正起来也一定不容易。在这个时候，你要格外注重策略，注意态度，争取从根本上扭转他们的行为，改正他们的毛病。

（3）对于那些确有较强能力却也喜好溜须拍马的人，你一定要小心对待，这些人可是巨量型"炸弹"，弄不好会造成极大麻烦的。

对待这种人，首先你要依据他的实际能力委以相应的职务。起码在他们的眼中，你不能成为不识才的领导。这影响着他们的工作热情，而且也带动着一批人。

另外，你的一些较有能力的下属，没有觉察到这类人的阿谀奉承，只看到了他们的才华，并同时盯着你的行动。如果你不能给第三类人以相应职务，那些持观望态度的有能力者就会离你而去。这些人看问题不够全面，但他们确实走了，无可挽回。

对低绩效员工不能心软讲情面

绩效低的员工是指那些屡犯错误，赶走客户，在企业组织中造成不满和士气低落等问题的员工。快速成长的公司对绩效低劣的员工尤其不能容忍，他们会削弱团队的实力，给潜在客户和商业伙伴留下不良印象，加剧对公司综合生产率的负面影响。作为管理者，必须采取措施及时纠正这种状况。

一位经理花了很大力气，才从某大公司挖来一名关键的信息系统专家。公司满腔热情地给他安排了工作，却很快发现他不能胜任。这位经理试图指导和帮助他，但是他的工作却没有起色。

其他同事来到这位经理面前，建议他采取行动，他却迟疑不决。此时，他知道自己雇错了人，但是由于负疚而迟迟没有动作。他告诉这位新员工，他将给他一些时间寻找新的工作。但是这位新员工的表现却越来越差，直到一位重要客户拂袖而去，其他员工也士气低落，这位经理才把他解雇。

在解雇员工时瞻前顾后，原因何在？许多企业管理者都像这位焦虑的经理一样不忍心正视没有达到标准的工作绩效，更不用说毫无绩效的情况了。

管理者如果尽了最大的努力对员工进行指导，但他依旧置若罔闻；或者降低了工作期望值和标准，员工还是没能达到要求，这时就应该重新审视对这位员工的录用决定。很多管理者在三周或更短的时间内就意识到自己在录用员工上的错误，但通常在三个月之后才决定纠正这个错误。

管理者们犹豫不决的原因多种多样。例如：他们觉得承认错误是一件尴尬的事情；他们对错误的录用感到内疚，对解雇曾满怀期望的人于心不忍；他们对录用员工的时候没有明确表达工作绩效的期望而感到遗憾；他们知道自己没有做好员工的绩效反馈和指导工作；他们不愿意再次经历昂贵耗时的程序找到合适的人员来替换。

对于管理者而言，这可能是一个痛苦的经历，但还是应该采取行动。

管理者在计划解雇一名员工之前，应问自己是否公平地对待过这个员工："我是否让他认识到自己绩效低劣的事实，并给予他改进的机会？"也就是说，是否采取过以下这些行动。

是否为这个员工确立明确的绩效期望值？这对员工绩效的管理水平有关。运用绩效管理技巧留住最佳员工的效果，取决于与他们建立伙伴关系的程度。这种伙伴关系，是成年人之间建立共同协定的关系。

是否就这名员工的绩效没有达到目标，向他做出具体的反馈？一项研究表明，在60%的公司中，因绩效产生问题的首要原因是上司对下属的绩效反馈做得不够或是没有做好。在针对79家公司的1000多名员工所作的一项调查中，经理人的反馈和指导技能一致被评为平庸。这些结果表明很多经理人都是拙劣的导师，而他们的员工通常也能意识到这一点。

是否详细系统地记录该员工的绩效数据、事件、绩效反馈及改进评估的谈话结果，以及是否在上述评估谈话中使该员工认识到存在的问题并对如何解决问题达成一致？

这取决于绩效讨论过程中的情况，让员工评估他们自己的绩效。如果员工承认问题，那么，问题的解决会顺利得多。如果员工否认问题，那就说明该员工对建设性的指导置若罔闻。

是否把给予这位员工一定的试用期或者改进绩效的最后期限，作为解雇前的最后手段？曾经有一位经理告诉他的一名员工，如果他在30天内仍然不能完成自己的工作项目，就必须走人。结果该员工在期限内完成了任务。所以，要确保给予员工足够的改进时间。

是否寻找解雇之外的其他方法？自己犯了录用某位员工的错误，并不意味该员工不能有效地完成其他工作。该雇员不适合这项工作，可能是他绩效低劣的真正原因。因此，可以考虑重新评估该员工的才能、动力和兴趣。也许工作可以重新设计，也许在工作领域内有其他更能发挥该员工才能的工作。

如果你已经不止一次直言不讳地把工作绩效低劣的情况反馈给员工，指导他如何改进，为他确立具体的绩效目标，记录他未能改进绩效的情况，而且考虑过不解雇的解决方法，然而都无济于事，那么，最终选择是解雇他。

经理人无论出于何种原因解雇员工，都是一件令人忧虑和烦恼、却又不得已而为之的事情。令人烦恼的因素多种多样，如这位员工失去了生活来源，而且，这么做还会影响组织中的其他成员，包括最想留住的员工。

重要的是时刻牢记目标：消除糟糕的表现和行为。在有效地惩戒员工或者采取纠正措施之前，经理必须表明真诚地关心他的成功。考核程序对事不对人，是基于"目标推动行为，结果维系行为"的原则。

对待"刺头"员工要讲究手腕

对于公司管理者来说，要想处理好冲突，首先必须了解公司中的刺头。这类人是引起冲突的根源，只有对他们进行充分的了解，才能够更好地解决冲突。我们可以将这些较为典型的"棘手"人物分为以下三类：

一是有背景的员工。这些员工的背景对管理者来说，是一个现实的威胁。"背景"就是他的资源，可能是政府要员，可能是公司的老板，也可能是你工作中的某个具有重要意义的合作伙伴。

这些背景资源不但赋予了这类员工特殊的身份，而且也为你平添了许多麻烦。这些员工在工作中常常展现他们的背景，为的是获得一些工作中的便利。即便是犯了错，某些"背景"也可能使他们免受处罚。

二是有优势的员工。这些人往往是那些具有更高学历、更强能力、更独到技艺、更丰富经验的人。正因为他们具有一些其他员工无法比拟的优势，所以能够在工作中表现不俗，其优越感也因此得到进一步的彰显。

这种优越感发展到一定的程度时，直接体现为高傲、自负以及野心勃勃。他们往往不屑于和同事们做交流和沟通，独立意识很强，协作精神不足，甚至故意无条件地使唤别人以显示自己的特殊性。

三是想跳槽的员工。他们显然是一些"身在曹营心在汉"的不安分分子，这些人往往是非常现实的家伙，他们多会选择"人往高处走"。

如果仅此而已，也就罢了，但偏偏有些人觉得，反正是要走的，不怕公司拿我怎么样，就干脆摆出一副"死猪不怕开水烫"的姿态，不把公司的制度和管理规范放在眼里，工作消极，态度恶劣，甚至为了以前工作中的积怨，故意针对某些领导和同事挑起组织冲突，到最后，人虽然走了，但留下的消极影响却很长时间无法消除。

管理者要区分不同的情况来对待以上三类员工，千万不能采取贸然措施将三类员工全部炒掉，以保持组织的纯洁度。因为这样的结果肯定是你得到的是一个非常听话然而却平庸无比的团队——根本无从创造更高的管理绩效。

对那些有背景的员工来说，在工作能力上，这些人不一定比其他同事强，但是，他们的心理状况一般好于他人，做人做事方面更自信，加上背景方面的优势，更能发挥出水平。对待这种人，最好的办法是若即若离，保持一定的距离。如果在工作中有上佳表现，可以适当地进行褒奖，但一定要注意尺度，否则，这些人很容易恃宠而骄，变得越来越骄横。

对于那些有优势的员工来说，他们并不畏惧更高的目标、更大的工作范畴、更有难度的任务，他们往往希望通过这些挑战来显示自己超人一等的能力以及在公司里无可替代的地位，以便为自己赢得更多的尊重。因此管理者如果善于辞令、善于捕捉人的心理，就可以试着找他们谈谈心、做做思想工作。如果管理者并不善于辞令，那么就要注意行动。行动永远比语言更有说服力，在巧妙运用你的权力资本时，为这些高傲的家伙树立一个典范，让他们看看一个有权威的人是怎样处理问题、实现团队目标的。

对于那些想跳槽的员工，机会、权力与金钱是他们工作的主要动因。因此管理者在对这些员工进行管理的过程中，要注意以下一些原则：

一是不要为了留住某些人轻易做出很难实现的承诺，如果有承诺，一定要兑现，如果无法兑现，一定要给他们正面的说法。千万不要在员工面前言而无信，那样只会为将来的动荡埋下隐患；二是及时发现员工的情绪波动，特别是那些业务骨干，一定要将安抚民心的工作做在前头。

扔掉"烂苹果"，该解雇就解雇

　　面对那些难以管教的下属，作为管理者必须当机立断，该解雇就解雇！尤其对其中一部分敢于背叛自己的下属，更要毫不留情。

　　酒与污水定律指出，如果把一匙酒倒进一桶污水中，你得到的是一桶污水；如果把一匙污水倒进一桶酒中，你得到的还是一桶污水。

　　几乎在任何组织里，都存在几个难以管理的人物，他们存在的目的似乎就是为了把事情搞糟。他们到处搬弄是非、传播流言、破坏组织内部的和谐。

　　最糟糕的是，他们像果箱里的烂苹果，如果你不及时处理，它会迅速传染，果箱里其他苹果也很快会腐烂，"烂苹果"的可怕之处在于它那惊人的破坏力。一个正直能干的人进入一个混乱的部门可能会被吞没，而一个无德无才者能很快将一个高效的部门变成一盘散沙。

　　组织系统往往是脆弱的，是建立在相互理解、妥协和容忍的基础上的，它很容易被侵害、被毒化。破坏者能力非凡的另一个重要原因在于，破坏总比建设容易。一个能工巧匠花费时日精心制作的陶瓷器，一头驴子一秒钟就能毁坏掉。这样，即便拥有再多的能工巧匠，也不会有多少像样的工作成果。如果你的组织里有这样的一头驴子，应该马上把它清除掉；如果你无力这样做，你就应该把它拴起来。

首先要确定是否要扔掉"烂苹果"。对那些厚颜无耻的背叛者，对屡教不改的员工和难以管教的下属，对个别"害群之马"，一定要扔掉。

你还需要选择解雇地点。应该选择在什么场合解雇某个人，取决于你自己的想法。他的办公室，你的办公室，或者另外一个什么地方都可以，并无规矩可循。有些经理在决定解雇员工的地点与方式时是希望将相关信息传递给其他员工。有位公司主管曾当着全体员工的面解雇一位经理，目的是杀鸡给猴看。他将公司所有的100名员工召集到会议室，心里盘算好，在会议的过程中他一定可以挑出那只烂苹果，并当场炒他的鱿鱼。这是精心策划的一场戏，只是其员工不知道而已。

解雇员工需要技巧。作为公司领导，对不称职的员工予以解雇完全是分内之事。但往往遇到此事，即使是那些以"硬汉"著称的公司经理也难下决心，认为解雇员工是件很棘手的事，总担心会引起连锁反应，还涉及向客户解释，以及如何以此调动员工工作积极性和责任感，做好善后工作等。

解雇不称职的人，最好的办法是：

第一，选择适当机会。

如果你要炒他的鱿鱼，应选好公司最为有利的时机。在商务来往中，你的员工手中必然尚有未完成的生意，掌握有一定数量的客户，在未找到代替他的人之前，一切未准备就绪时，就暂时不要解雇他。有时你会等上几天甚至更长的时间，以便更大限度地减少解雇他所给公司员工带来的震动和对公司带来的负面影响。在准备时，或许应及时通知客户、公司与某人之间有些矛盾，将会有另一位员工代替他的工作，并表示公司愿意与客户继续合作的愿望。另外，在公司内部可派另一员工到其负责的部门工作，并委以重任；或让另一部门的经理同他的客户认识，并逐渐接手其业务。

第二，或许你可以由他先提出离职。

对付想跳槽的员工，最好的办法是由他提出辞呈。让他体面地离开公司，总比你直接下逐客令要好。

如在解雇他时，给他发放一定数额的离职费，并且给他在其他的公司找一个适合他做的工作，对你的所作所为，他会一辈子永记心中，不会到处对你解雇他而说三道四，败坏你的名声。其实安排某人主动提出辞职，并不是件复杂难做的事。但也不能太随便，应注意当时说话的场合和方式。最容易让人接受的说法是："鉴于我们公司业务的特殊性，我认为你在公司这样长期做不下去，显然对你对公司都不太合适，公司已决定，你应离开公司另找工作。但是什么时候离开？怎样离开？还没有正式决定下来，请你先考虑一下，然后我们再交换意见。"这样简单而直截了当的谈话，将会取得你预想的结果。

第三，让别人来"聘用"他。

有的公司碍于当时聘用人的后台关系，或其他难以言明的因素，不便直接下令让某人离开公司，总是说服别的公司接收此人，并让这家公司主动找该人联系工作。此人被该公司"聘用"后，自认为是自己的才华被领导看中而被挖走的，对于"聘用"之中的一切都始终蒙在鼓里，根本不知自己是被原公司体面地"开除"的。

第四，为他找到合适的位置。

有些员工虽然诚实肯干，但是碍于自身文化水平较低、适应能力弱等原因，不太适应公司业务发展需要。如公关部的某公关先生对于结识发展新客户，开拓新市场有一定能力，但在其他方面却毫无办法，并且常常会把事情弄得很糟。这里就出现如何安排他为好的问题，是解雇或是降级使用？必须认真研究。常用的处理方法是，把他调到另一个适合他的工作岗位上去，或许到这个岗位，他会干得更好。

第五，果断处置不手软。

对任何公司和领导来说，开除或解雇员工，总是一件令人不快的事，因为这或多或少地反映了公司存在的某些缺陷或不足之处。但是如果解雇的是一个存在一天就对公司祸害无穷的"捣乱分子"，则无须手软留恋。

某公司曾经遇到过这样一位公司的背叛者A先生。这位A先生在业务额不能完成、资金无法收回的情况下，想离开公司一走了之。

临走之前，公司得到情报说，他准备将公司的客户和业务，以及有关公司的商业秘密的档案资料一并带走。为了不打草惊蛇，公司营销部特地在他离开之前安排他出差，为洽谈一笔新业务拜访客户。当他离开办公室后，公司派人查封了他的办公室，取走了属于公司的一切档案资料，当他回到公司时，交给他的是一张解聘书。

这种做法并无算计员工之嫌。对于这种人只能当机立断，否则他阴谋得逞，公司将后患无穷。也只有这样，才能彻底排除纵容下属、姑息养奸的可能。

就像舞台上总会有一个两个丑角，领导的下属里面也并不全是忠诚之辈、老实之人，肯定也会有一两个类似于丑角的人。领导需要有一双火眼金睛将这种"丑角"辨认出来。

让被解雇者心甘情愿地离开

解雇是领导在工作中最难做的事，有些领导会为此整夜合不了眼，想方设法减少这件事对人的打击。不论你想怎样做，即使解雇某人的决定是你的上司做出的，但只要是你把这个消息告诉他，你就被看成是唱黑脸的。对方常常认为是你的主意。

如果要你来决定解雇人，尽管你有充分的理由，但是解雇将给对方带来巨大的影响，你仍旧会感到难以痛下决心，然而这是你必须做而且还必须做好的事。

效率低下的员工必须被开除。你的同情心只能表现在为他们积极寻找新的工作上。

解雇之前，要先给予他们几次警告，让他们明确知道自己的行为不合标准。然后在某次会见的时候，指出他的行为仍不合格，将面临被解雇的危险。

一旦真正解雇，被解雇的人会有许多的牢骚、怨恨、困难要向你说，你不要给予回答或承诺，你同情他们的处境之余，只能对他们说："我只能，而且必须这么做。"

但成功的裁员方案应该考虑到具体的员工个人的心态、行为及未来的生活着落等。作为有社会责任感的企业管理者，一个真正想以裁员为契机将企业组织推向新境界的首脑人物，必须将安抚被裁员工、为其日后发展提供条件作为重要任务来看待。

单单是顾虑到员工可能会"报复"这项因素，便足以使公司在解雇任何人时都必须做谨慎而周密的考虑，研究是否给他们留些余地。一位处境很难的离职员工，往往能对公司造成极大的损害，即使他对外界所泄露的消息完全缺乏可信度。

相反，如果一名职工觉得公司解雇他的做法"公平合理"，例如觉得公司对他尊重，没有伤害他的自尊心，而且觉得这是一种工作经验，那么当他离开后，便不会污蔑原来的公司，而且很有可能成为原来公司的商业伙伴，而不是仇敌。

美国国际管理顾问公司老板麦科马克对"炒鱿鱼"颇有研究。

麦科马克在炒第一个职工的鱿鱼的时候，要考虑两个因素：第一是时机，第二是这个人对公司的忠诚度如何。

要解雇员工时，必须考虑到因为解雇他而可能对公司内外关系所造成的损害，应该在损害程度最小时采取行动。

解雇的最佳时机可能是"立刻解雇"，但在麦科马克公司也有等待两年之后才解雇的例子。

麦科马克曾经好几次让那些被解雇的人完全不知道他们是被解雇的。他先帮助他们找到工作，让他们觉得他们是被其他公司"挖走的"。

反过来，如果麦科马克有充分理由断定某个职工的忠诚可疑，或者是不值得信任时，就会尽快请他离开。

在解雇之前有一段充分的准备是必要的。必须非常注意被解雇职工的感情，帮助他们保留面子。至于帮助到什么程度，往往要按照他们对公司的忠诚和贡献的程度来决定。

在公司要解雇一个忠诚职工之前，有义务先试试看有没有其他代替解雇的方法，例如调动他的职位，新设立一项更适合他的工作，甚至明升暗降。如果这种办法行不通，必须为难他一段时间，让他"适应"被解雇的可能，而且还应该尽力帮助他找到其他的工作。

不能重用的十五种问题员工

一粒老鼠屎，搅坏一锅粥。无论什么地方都会有害群之马出现，他们破坏性强，影响力大，使人们防不胜防。对于下面类型的员工，管理者一定要敬而远之。

第一种，好高骛远的员工。精深的事不会做，而粗浅的事又不愿做的人，那么其一生就无所事事，这就注定了其人生的失败。

第二种，不懂装懂的员工。这种人回避疑难问题不去回答，好像知道很多，实际上一无所知。

第三种，浅尝辄止的员工。这种人仰慕通晓道理的人，但只学到别人的皮毛，看上去好像心领神会，其实并未理解。

第四种，争强好胜的员工。这种人争强好胜而不顾常理，理屈词穷了还自以为尚有妙语，以至于牵强附会，强词夺理，看上去好像是自己有理而不愿屈服。

第五种，态度消极的员工，做一天和尚撞一天钟。这种员工目光永远停留在现在的目标上，不注重学习，没有危机感，缺乏自我约束能力，没有干好工作的强烈欲望，甚至轻视自己的工作。

第六种，经常发牢骚的员工。有一段令人同情的经历，看一切是灰色的，嫉妒得到好处和幸福的人。注意：传染性很强。

第七种，能力低下、不懂创新的员工。业务不精、表现平庸，一瓶不满、半瓶晃荡，人云亦云、毫无主见，缺乏适应能力，提不出自己的创意，不能为老板"支招"，自我设限，是这种员工的共同缺点，也是他们不能得到晋升的关键因素。

第八种，找借口推卸责任的员工。这种人不肯承认错误，不敢承担责任，遇事互相推诿，找借口已成为一种习惯。没有哪一个老板和上司愿意提拔缺乏责任心的员工，就像没有哪一个员工愿意为不负责任的老板和上司效力一样。

第九种，浪费时间与财物的员工。时间观念淡薄，不会控制成本，不注重减少开支，没有日常节俭的习惯……老板的金钱不是西北风吹来的，他会对一个大手大脚的员工视而不见，但绝不会对自己的利益遭受损失而睁一只眼闭一只眼。浪费公司财物的员工，凭什么赢得老板和上司的青睐？

第十种，缺乏团队精神的员工。不能有效沟通，生活在"套子"之中，刚愎自用、目空四海，不关心集体利益，没有团队意识。

第十一种员工，不把上司放在眼里的员工。直接顶撞上司是他们的"性格"，不服从上司的决定是他们的家常便饭，他们经常超越自己的权限，伺机还要要弄一下上司，妄图取而代之。

第十二种，朝三暮四的员工。有的员工不会安分于自己的工作，觉得企业内某某岗位工资高福利好，就想调动岗位。好心给他调动工作吧，没多久他又会说，还是原来的工作好，要求再调回去。这样的员工会影响企业的正常运作，导致人心浮动。

第十三种，倚老卖老的员工。有的员工自以为跟老板很长时间了，或者是"开国元老"，就自以为是，对老板也不买账，对新进的员工更是飞扬跋扈。一旦老板没有照顾好他，就会到处散播老板的坏话。有这样的员工在，新来的员工是留不住的。

第十四种员工，违反办公室游戏规则的员工。他们处处表现自己，不知进退，经常讽刺别人，忌妒别人的成绩，对"鸡毛蒜皮"的小事斤斤计较，大搞办公室恋情，甚至充当老板肚里的蛔虫。

第十五种员工，喜欢搬弄是非的员工。他们热衷于"打小报告"，暗中陷害他人，诽谤公司或同事，没有信誉，泄露公司秘密，欺上瞒下，拉帮结派，压制新同事。办公室被这种人搞得乌烟瘴气。